100 SUPER RECETTES

LÉGUMES

Recettes et stylisme : Gema Gomez
Photo : Marc Wauters

MANGO
éditions

SOMMAIRE

RECETTES DE PRINTEMPS

RECETTES D'ÉTÉ

RECETTES D'AUTOMNE

RECETTES D'HIVER

CALENDRIER DES FRUITS ET LÉGUMES

JANVIER

Ail
Betterave
Carotte de garde
Céleri-rave
Chicorée
Chou blanc
Chou de Bruxelles
Chou rouge
Courge
Cresson
Crosne
Endive
Épinard
Frisée
Mâche
Navet
Oignon de garde
Panais
Poireau
Pomme de terre
Roquette
Salsifis
Topinambour
Citron
Clémentine
Kiwi
Mandarine
Orange
Pamplemousse
Poire
Pomme

FÉVRIER

Ail
Betterave
Carotte de garde
Céleri-rave
Chicorée
Chou blanc
Chou de Bruxelles
Chou rouge
Courge
Cresson
Crosne
Endive
Épinard
Frisée
Mâche
Navet
Oignon de garde
Panais
Poireau
Pomme de terre
Roquette
Salsifis
Topinambour
Citron
Clémentine
Kiwi
Mandarine
Orange
Pamplemousse
Poire
Pomme
Ail
Asperge blanche

MARS

Asperge verte
Betterave
Blette
Carotte de garde
Céleri-branche
Céleri-rave
Chou blanc
Chou de Bruxelles
Chou frisé
Chou rouge
Cresson
Endive
Épinard
Frisée
Navet
Oignon de garde
Panais
Poireau
Pomme de terre
Radis
Roquette

Salsifis
Topinambour
Citron
Kiwi
Mandarine
Poire
Pomme
Ail

AVRIL

Artichaut
Asperge
Betterave
Blette
Carotte primeur
Chou-fleur
Cive
Concombre
Endive
Épinards
Frisée
Laitue
Navet
Oignon primeur
Petit pois
Poireau
Pomme de terre
Radis
Roquette
Citron
Pamplemousse
Pomme

MAI

Ail
Artichaut
Asperge blanche
Asperge verte
Betterave rouge
Blette
Carotte primeur
Céleri
Chou-fleur
Cive
Concombre
Épinard
Laitue
Navet
Oignon primeur
Petit pois
Poireau primeur
Pomme de terre primeur
Radis
Roquette
Cerise
Fraise
Pamplemousse
Rhubarbe

JUIN

Ail
Artichaut
Asperge blanche
Asperge verte
Aubergine
Betterave rouge
Blette
Brocoli
Carotte primeur
Céleri
Cive
Concombre
Courgette
Épinard
Fenouil
Haricot mange-tout
Haricot vert
Laitue
Navet
Oignon primeur
Petit pois
Poireau primeur
Poivron
Pomme de terre primeur
Radis
Tomate
Abricot
Cassis
Cerise
Citron
Fraise
Framboise
Groseille

Melon
Pamplemousse
Pastèque
Pêche
Pomme
Prune
Rhubarbe

JUILLET

Ail
Artichaut
Asperge
Aubergine
Betterave
Brocoli
Carotte
Céleri
Cive
Concombre
Courgette
Épinard
Fenouil
Haricot
Laitue
Maïs
Oignon primeur
Petit pois
Poireau primeur
Poivron
Pomme de terre
primeur
Radis
Tomate
Abricot
Cassis
Cerise
Figue
Fraise
Framboise
Groseille
Melon
Myrtille
Nectarine
Pastèque
Pêche
Poire
Prune
Rhubarbe

AOÛT

Ail
Artichaut
Aubergine
Betterave
Blette
Brocoli
Carotte de saison
Céleri
Cive
Concombre
Courgette
Épinard
Fenouil
Haricot
Laitue
Maïs
Oignon primeur
Poireau primeur
Poivron
Pomme de terre
primeur
Radis
Tomate
Abricot
Cassis
Figue
Fraise
Framboise
Groseille
Melon
Mirabelle
Mûre
Myrtille
Nectarine
Noisette
Pastèque
Pêche
Poire
Pomme
Prune
Raisin

SEPTEMBRE

Ail
Artichaut
Aubergine
Betterave
Blette
Brocoli
Carotte de saison
Céleri
Cive
Chou blanc
Chou de Bruxelles
Chou-fleur
Concombre
Courgette
Cresson
Épinard
Fenouil
Haricot
Laitue
Maïs
Oignon de garde
Panais
Poireau
Poivron
Potiron
Pomme de terre
Radis
Tomate

Coing
Figue
Melon
Mirabelle
Mûre
Myrtille
Noisette
Noix
Pastèque
Pêche
Poire
Pomme
Prune
Raisin

OCTOBRE

Ail
Betterave
Brocoli
Carotte de garde
Céleri
Chicorée
Chou blanc
Chou de Bruxelles
Chou-fleur
Concombre
Courge
Cresson
Endive
Épinard
Fenouil
Frisée
Laitue
Mâche
Maïs
Navet
Oignon
Poireau
Pomme de terre
Potiron
Roquette
Châtaigne
Citron
Coing
Figue
Framboise
Myrtille
Noisette
Noix
Poire
Pomme
Raisin

NOVEMBRE

Ail
Betterave
Carotte de garde
Céleri
Chicorée
Chou blanc
Chou de Bruxelles
Chou-fleur
Citrouille
Courge
Cresson
Crosne
Endive
Épinard
Fenouil
Frisée
Laitue
Mâche
Navet
Oignon de garde
Panais
Poireau
Pomme de terre
Potiron
Radis
Roquette
Salsifis
Topinambour
Châtaigne
Citron
Clémentine
Coing
Kiwi
Mandarine
Orange
Poire
Pomme

DÉCEMBRE

Ail
Betterave
Carotte de garde
Céleri
Chicorée
Chou de Bruxelles
Courge
Cresson
Endive
Épinard
Mâche
Navet
Oignon de garde
Poireau
Pomme de terre
Potiron
Roquette
Salsifis
Topinambour
Châtaigne
Citron
Clémentine
Kiwi
Mandarine
Orange
Poire
Pomme

CONSEILS ZÉRO DÉCHET

LE ZÉRO DÉCHET

- Si possible, privilégiez l'achat de produits en vrac en magasin spécialisé ou en grande surface. Cela permet d'éviter le surplus d'emballage et d'acheter la quantité nécessaire afin de ne pas gaspiller.

- Lors des courses, pensez à rapporter vos propres contenants, boîtes et sacs à vrac afin d'éviter au plus les emballages en plastique. Si vous ne pouvez pas acheter en vrac, privilégiez les emballages en carton ou bien ceux en verre, recyclables à l'infini ! Attention, certains emballages en carton cachent parfois du plastique, pensez à vérifier.

- Pour lutter contre le gaspillage alimentaire, vous pouvez établir votre planning des repas de la semaine avant de faire votre liste des courses. Cela évitera d'acheter des produits qui ne pourront pas être consommés à temps.

- Les produits avec la mention « date limite d'utilisation optimale » (DLUO) ou bien « à consommer de préférence avant le ... » peuvent être mangés bien après la date indiquée sans risque pour le consommateur. Il faut les différencier des produits avec une « date limite de consommation » (DLC) qui, elle, doit être respectée. Cependant, certains produits à DLC, tels que les yaourts par exemple, peuvent aussi être consommés quelques jours après leur date de péremption.

- Vous pouvez utiliser les fanes et les épluchures dans de nouvelles recettes anti-gaspi (chips, bouillon, bisque, sauce, etc.) ou pour alimenter votre compost de cuisine. Les parts non comestibles de certains aliments peuvent aussi être utiles à la fabrication de produits ménagers ou encore de cosmétiques faits maison !

- Si vous emportez vos plats en vue d'un pique-nique ou d'un dîner à l'extérieur, pensez à remplacer la vaisselle jetable par une réutilisable (assiettes, serviettes en tissus et gobelets ecocup).

- Faire ses conserves et bocaux est un autre bon moyen de ne plus jeter. Il existe de nombreux tutoriels expliquant comment les réaliser soi-même. Ils permettent de conserver un surplus d'ingrédients pendant plus d'un an.

ET ÉCORESPONSABLES

LES INGRÉDIENTS

• Lors de vos courses, privilégiez au mieux les producteurs locaux ou français. Cela permet d'éviter la pollution liée au transport des marchandises et de soutenir l'agriculture française. Les circuits courts se développent de plus en plus et il est aujourd'hui possible d'acheter directement aux producteurs, à la ferme ou via des AMAP (http://www.reseau-amap.org/).

• Si vous le pouvez, préférez les produits bio. Sinon, privilégiez au mieux le bio sur les fruits et légumes dont vous consommez la peau tels que les tomates, les fraises ou encore les pommes.

• Il existe différents labels biologiques : Label Agriculture Biologique, Label Biologique Européen, Demeter ou encore Bio Cohérence. Chaque label possède ses spécificités et ses avantages. Vous pouvez vous renseigner sur internet afin d'apprendre à les reconnaître.

• Limitez au possible votre consommation d'ingrédients exotiques. Si vous achetez un aliment ou une épice qui vient de loin, réfléchissez à comment vous pourriez l'intégrer dans vos recettes au quotidien afin de ne pas gaspiller un produit précieux en l'oubliant au fond du placard.

• Consommez des fruits et légumes de saison. Il existe également une saisonnalité pour la viande et le poisson. N'hésitez pas à vous renseigner sur internet ou auprès de votre boucher et de votre poissonnier. Pour le poisson, il est aussi préférable d'éviter les espèces les plus menacées par la pêche intensive.

• Pour les œufs, il existe différentes catégories : vous pouvez repérer les codes allant de 0 à 3 sur les boîtes d'œufs. Le code 0 indique que les œufs sont issus d'un élevage de poule en plein air en mode biologique. Il s'agit du mode d'élevage à privilégier au mieux car c'est le plus respectueux pour les animaux et le seul pour lequel l'alimentation des poules est contrôlée. Au contraire, le code 3 est à éviter au maximum puisqu'il indique un élevage intensif et en batteries dans de très mauvaises conditions.

LE MATÉRIEL DE BASE

• Pour vos ustensiles de cuisine, il est préférable de choisir des revêtements en fonte naturelle, plus résistants et non toxiques. Il est également conseillé de privilégier les ustensiles en acier inoxydable et durable. Dans ce cas, n'oubliez pas de culotter vos poêles pour qu'elles n'attachent pas. De plus, évitez au maximum les matières qui peuvent s'avérer toxiques pour l'organisme telles que l'aluminium, le téflon ou encore le cuivre. Privilégiez la qualité de votre matériel de cuisine à la quantité.

• Pour nettoyer votre matériel, misez sur les produits ménagers naturels faits maison ! En plus d'être simples à réaliser, ces produits d'entretien sont économiques et très souvent multi-usages.

• Vous pouvez aussi pratiquer l'upcycling en réutilisant les vêtements que vous ne portez plus pour réaliser de nouvelles créations en tissus, qui vous seront utiles pour l'entretien de vos ustensiles de cuisine. Vous pourrez ainsi faire vos propres essuie-tout ou encore des éponges tawashi. En plus d'être totalement personnalisables en fonction de vos goûts et des tissus que vous avez sous la main, ce sont des produits lavables et réutilisables.

L'ÉNERGIE

• Pour faire des économies d'énergie, évitez de préchauffer votre four trop en avance. Lorsque vous utilisez votre four, vous pouvez en profiter pour faire cuire plusieurs recettes en simultanée ou encore pour faire décongeler ou réchauffer un autre plat.

• Vous pouvez économiser de l'eau en réutilisant l'eau de rinçage ou en faisant la vaisselle avec un bac pré-rempli. Vous pouvez également investir dans un aérateur d'eau pour faire des économies !

DES LÉGUMES STARS DE VOTRE ASSIETTE, DE L'ENVIRONNEMENT ET DE VOTRE SANTÉ !

CONSOMMER DES LÉGUMES DE SAISON ET LOCAUX :

Consommer de saison et local permet tout d'abord de limiter l'impact environnemental lié au transport des marchandises mais cela a également une influence sur la qualité des produits que vous achetez. En effet, les légumes de saison seront plus goûteux, moins traités et moins chers. Cette démarche est donc bénéfique à la fois pour la nature, le corps et le porte-monnaie ! Avant de choisir votre recette du jour, vous pouvez donc jeter un coup d'œil au calendrier des fruits et légumes de saison (p.6-9). Consommer local vous permettra aussi de découvrir (ou redécouvrir) les produits de votre région et de faire vivre les exploitations agricoles autours de chez vous !

LE COMPOST ANTI-GASPI :

Lorsque l'on cuisine des légumes, il nous reste souvent des déchets alimentaires qu'il peut être compliqué d'intégrer à de nouvelles recettes (épluchures, racines, fanes...). Composter ces restes est une bonne façon de revaloriser une grande partie de nos déchets alimentaires de manière naturelle et à moindres frais. Vous obtiendrez ainsi en quelques temps un compost fait maison pour nourrir vos plantes ou votre potager !

RECETTES DE PRINTEMPS

ASPERGES VERTES GRILLÉES, VINAIGRETTE AU SÉSAME

Pour 4 à 6 personnes
Préparation : 5 min
Cuisson : 10 min

2 bottes d'asperges vertes
1 piment doux
1 cuillerée à soupe de graines de sésame grillées
2 cuillerées à soupe de sauce soja
2 cuillerées à soupe de vinaigre de riz
1 cuillerée à soupe d'huile de sésame grillé
Huile d'olive
Sel

1. N'épluchez pas les asperges vertes ; supprimez simplement la partie dure à la base. Plongez-les dans une casserole d'eau bouillante salée et comptez 4 minutes de cuisson environ. Égouttez-les et trempez-les aussitôt dans un grand saladier d'eau froide.

2. Faites chauffer une poêle-gril, à sec.

3. Égouttez les asperges et épongez-les avec du papier absorbant. Formez de petits groupes de 4 ou 5 asperges, que vous maintiendrez ensemble avec 2 petits piques à brochettes. Badigeonnez-les d'huile d'olive et faites-les griller sur les 2 faces.

4. Pendant ce temps, mélangez la sauce soja, le vinaigre de riz, l'huile de sésame et les graines de sésame. Ajoutez le piment épépiné et très finement haché.

5. Servez les asperges chaudes, arrosées de vinaigrette. Vous pouvez les parsemer d'un peu de coriandre hachée. Servez-les en entrée ou en accompagnement.

ASTUCE

Vous pouvez aussi faire griller les asperges au barbecue. Maintenues ensemble de cette manière, elles ne risquent pas de tomber entre les grilles.

VELOUTÉ D'ASPERGES
À L'ORANGE

Pour 4 personnes
Préparation : 15 min
Cuisson : 20 min

1 botte d'asperges blanches
2 jaunes d'œufs
30 g de farine
2 cubes de bouillon dégraissé
12 cl de jus d'orange frais
2 cuillerées à soupe de crème fraîche
40 g de beurre
Sel et poivre

1. Portez 1,25 litre d'eau à ébullition dans une casserole, avec les cubes de bouillon émiettés.

2. Supprimez la partie dure à la base des asperges et pelez-les. Réservez les pointes et plongez les tiges dans la casserole contenant le bouillon. Faites-les cuire 10 minutes, puis ajoutez les pointes et poursuivez la cuisson 5 minutes.

3. Égouttez les asperges en récupérant le bouillon. Réservez les pointes.

4. Faites fondre doucement le beurre dans une casserole. Saupoudrez de farine, mélangez 1 minute, puis versez petit à petit 1 litre de bouillon, tout en fouettant. Ajoutez les tiges d'asperges et laissez mijoter 5 minutes à feu doux.

5. Mixez finement le potage. Battez les jaunes d'œufs avec la crème et le jus d'orange. Versez ce mélange dans la casserole et ajoutez également les pointes d'asperges réservées. Rectifiez l'assaisonnement.

6. Servez bien chaud, en veillant à ne plus laisser bouillir le potage.

SALADE DE LÉGUMES, VINAIGRETTE YAOURT-GINGEMBRE

Pour 4 personnes
Préparation : 15 min
Cuisson : 10 min

150 g de tomates cerises
100 g de petits pois (ou de fèves) surgelés
1 botte d'asperges vertes
½ botte de carottes

Vinaigrette :
1 yaourt nature bulgare (125 g)
1 morceau de gingembre confit
1 cuillerée à soupe de sirop de gingembre
1 cuillerée à soupe de sésame grillé
1 cuillerée à café de moutarde
2 cuillerées à soupe de jus de citron
Sel et poivre

1. Supprimez la partie dure à la base des asperges. Coupez les plus grosses en deux, dans la longueur. Grattez les carottes ; coupez les plus grosses en deux, voire en quatre.

2. Plongez les asperges et les carottes dans une cocotte d'eau bouillante salée et comptez 5 minutes de cuisson à la reprise de l'ébullition. Rincez les petits pois à l'eau chaude et ajoutez-les dans la cocotte. Laissez cuire le tout 2 à 3 minutes. Égouttez les légumes et plongez-les dans un saladier rempli d'eau glacée.

3. Dans un bol, mélangez le jus de citron, le sirop de gingembre, le yaourt et la moutarde. Ajoutez le sésame et le gingembre confit très finement haché. Rectifiez l'assaisonnement.

4. Égouttez les légumes, ajoutez les tomates cerises coupées en deux et arrosez avec la vinaigrette.

5. Servez en accompagnement de grillades, ou lors d'un buffet froid ou d'un pique-nique.

SALADE DE POMMES DE TERRE
À LA PARISIENNE

Pour 4 à 8 personnes
Préparation : 10 min
Cuisson : 20 min

1 kg de pommes de terre à chair ferme
1 botte de ciboules
2 cuillerées à soupe d'estragon haché
2 cuillerées à soupe de cerfeuil haché
20 cl de vin blanc sec
2 cuillerées à soupe de vinaigre de vin blanc
6 cuillerées à soupe d'huile d'olive légère (ou d'arachide)
Sel et poivre

1. Faites cuire les pommes de terre en robe des champs, à l'eau ou à la vapeur, en veillant à les garder légèrement fermes.

2. Pendant ce temps, hachez finement les herbes et les ciboules (le blanc + trois quarts du vert). Fouettez le vinaigre avec du sel et du poivre, puis ajoutez l'huile petit à petit, tout en fouettant. Réservez.

3. Quand les pommes de terre sont cuites, égouttez-les et pelez-les. Taillez-les en rondelles et étalez-les sur un grand plat. Arrosez-les doucement avec le vin blanc. Laissez reposer 5 minutes, puis ajoutez la vinaigrette et les ciboules. Mélangez, parsemez les herbes et servez, tiède de préférence.

ASTUCE

Chic et légère, cette salade accompagne à merveille les grillades (viande et poisson), mais aussi les plats froids ; elle est parfaite pour un buffet froid.

SALADE DE POMMES DE TERRE TARTARE

Pour 4 à 8 personnes
Préparation : 10 min
Cuisson : 20 min

1 kg de grenailles
2 ou 3 oignons nouveaux
50 g de petits cornichons au vinaigre
30 g de câpres égouttées
150 g de mayonnaise
2 cuillerées à soupe de vinaigre de vin blanc
5 brins de persil plat

1. Faites cuire les pommes de terre en robe des champs, à l'eau ou à la vapeur, en veillant à les garder légèrement fermes.

2. Égouttez-les et coupez-les en deux ou trois, selon leur grandeur. Étalez-les sur un grand plat et laissez-les refroidir.

3. Pendant ce temps, mélangez la mayonnaise et le vinaigre dans un saladier. Ajoutez les câpres, les cornichons coupés en deux dans la longueur, les oignons nouveaux émincés (le blanc + trois quarts du vert), ainsi que les feuilles de persil. Ajoutez les pommes de terre et mélangez bien.

4. Servez frais, en accompagnement de grillades de bœuf ou de poisson, ou lors d'un buffet froid. C'est aussi délicieux avec des crevettes grises, du saumon fumé, de la charcuterie, etc.

VELOUTÉ AUX ÉPINARDS ET LARD CROUSTILLANT

Pour 4 personnes • Préparation : 10 min • Cuisson : 20 min

8 à 12 fines tranches de lard • 1 paquet d'épinards hachés surgelés (450 g) • 350 à 400 g de pommes de terre • 1 oignon • 2 cubes de bouillon dégraissé • 10 cl de crème fraîche • 2 c. à soupe d'huile d'olive • Sel et poivre

1. Hachez l'oignon et faites-le revenir 2 minutes à feu doux dans une cocotte contenant l'huile.

2. Ajoutez les pommes de terre épluchées et taillées en petits dés, mélangez, puis ajoutez les épinards encore surgelés. Versez 1 litre d'eau chaude, ajoutez les cubes de bouillon émiettés et portez à ébullition. Comptez 15 minutes de cuisson.

3. Pendant ce temps, préchauffez le four à 210 °C (th. 7). Disposez les tranches de lard sur la plaque du four recouverte de papier cuisson et faites-les dorer environ 10 minutes, en surveillant. Égouttez sur du papier absorbant.

4. Mixez finement le potage et ajoutez la crème. Rectifiez éventuellement l'assaisonnement et servez chaud, avec le lard et du pain.

VELOUTÉ DE LÉGUMES
AU CHEDDAR

Pour 4 personnes • Préparation : 15 min • Cuisson : 15 min

1 poireau • 1 grosse pomme de terre • 2 belles carottes • 1 gousse d'ail • 1 bouquet garni • 70 g de cheddar • 2 cubes de bouillon dégraissé • 10 cl de lait • 2 c. à soupe d'huile d'olive • Sel et poivre

1. Émincez le poireau, taillez les carottes en rondelles et la pomme de terre en petits dés. Faites-les revenir 2 minutes à feu doux dans une cocotte contenant l'huile.

2. Ajoutez la gousse d'ail coupée en quatre, le bouquet garni, les cubes de bouillon émiettés et 75 cl d'eau. Portez à ébullition et laissez mijoter 15 minutes à feu doux.

3. Laissez reposer 5 minutes, puis retirez le bouquet garni. Ajoutez le lait et mixez jusqu'à obtention d'un potage homogène. Ajoutez alors le cheddar râpé, laissez reposer 2 minutes et mélangez bien

4. Servez bien chaud, avec des crackers.

ŒUFS COCOTTE
ASPERGES-JAMBON CRU

Pour 4 personnes
Préparation : 15 min
Cuisson : 15 min

4 œufs
4 à 5 fines tranches de jambon de Bayonne
1 botte d'asperges vertes
30 g de gruyère râpé
2 cuillerées à soupe de ciboulette hachée
25 cl de crème fraîche allégée
1 cuillerée à soupe d'huile d'olive
Sel et poivre

1. Supprimez la base dure des asperges (inutile de les éplucher) et faites-les cuire environ 5 minutes à l'eau bouillante salée ; elles doivent rester *al dente*. Égouttez-les délicatement et plongez-les dans de l'eau froide.

2. Préchauffez le four à 180 °C (th. 6).

3. Égouttez les asperges. Coupez-les en trois et réservez les pointes. Coupez le reste en morceaux.

4. Mélangez la crème, le gruyère et la ciboulette. Ajoutez les morceaux d'asperges. Salez et poivrez. Répartissez les deux tiers de cette préparation dans 4 cocottes individuelles. Cassez 1 œuf dans chaque cocotte puis recouvrez du reste de la préparation. Couvrez et faites cuire 12 à 15 minutes au four (les jaunes doivent rester liquides).

5. Coupez les tranches de jambon en quatre et enroulez-y les pointes d'asperges. Faites-les dorer dans une poêle contenant l'huile. Servez-les avec les œufs cocotte. Accompagnez de pain croustillant.

SALADE D'ASPERGES
AUX POMMES DE TERRE

Pour 4 personnes
Préparation : 10 min
Cuisson : 20 min

4 pommes de terre (450 à 500 g en tout)
2 pots de mini-asperges vertes (2 x 110 g)
2 cœurs de laitue romaine
2 cuillerées à soupe d'estragon haché
½ cuillerée à café de moutarde
3 cuillerées à soupe de vin blanc
3 cuillerées à soupe de jus de citron
5 cuillerées à soupe d'huile d'olive
Sel et poivre

1. Épluchez les pommes de terre et faites-les cuire à l'eau bouillante salée, en veillant à les garder un peu fermes.

2. Pendant ce temps, plongez les mini-asperges dans une grande casserole d'eau bouillante salée et comptez 3 minutes de cuisson à la reprise de l'ébullition. Récupérez-les avec une écumoire et plongez-les aussitôt dans un grand récipient rempli d'eau froide.

3. Coupez les pommes de terre en rondelles et arrosez-les avec le vin blanc ; laissez tiédir.

4. Versez le jus de citron dans un plat, salez, poivrez, puis ajoutez la moutarde, l'estragon et l'huile ; mélangez au fouet. Ajoutez les asperges bien égouttées, les feuilles de laitue romaine et les pommes de terre. Mélangez délicatement.

5. Servez en accompagnement de charcuterie ou de saumon fumé, ou avec des grillades.

TERRINE D'ASPERGES, MENTHE, PETITS POIS ET LARD

Pour 4 personnes
Préparation : 25 min
Cuisson : 40 min

200 g de fines tranches de lard
3 œufs
1 botte d'asperges vertes (400 g)
300 g de petits pois surgelés
10 grandes feuilles de menthe
150 g de ricotta
30 g de parmesan fraîchement râpé
Sel et poivre

1. Préchauffez le four à 160 °C (th. 5-6).

2. Ne pelez pas les asperges ; supprimez la partie fibreuse à la base, fendez les plus grosses en deux, dans la longueur. Faites-les cuire 5 minutes à l'eau bouillante salée, puis rincez-les à l'eau froide.

3. Faites cuire les petits pois 5 minutes à l'eau bouillante salée. Égouttez-les, rincez-les à l'eau froide et placez-les dans un saladier. Ajoutez la ricotta, les œufs, la menthe et le parmesan. Mixez jusqu'à obtention d'une purée homogène. Salez légèrement.

4. Tapissez un petit moule à cake de 2 rangées de tranches de lard se chevauchant dans le fond et dépassant largement des bords.

5. Versez le tiers de la purée dans le moule, recouvrez avec la moitié des asperges, répétez l'opération et terminez par une couche de purée. Rabattez le lard sur la préparation et faites cuire au four 40 minutes.

6. Servez tiède ou froid, en entrée avec une petite salade, ou lors d'un pique-nique ou d'un buffet.

ASPERGES
À LA MILANAISE

Pour 2 personnes
Préparation : 5 min
Cuisson : 20 min

1 botte d'asperges vertes
4 œufs
50 g de parmesan râpé
3 cuillerées à soupe d'huile d'olive
Sel et poivre

1. Supprimez la base dure des asperges mais ne les pelez pas. Faites-les cuire à l'eau bouillante ou à la vapeur, en les gardant un peu fermes.

2. Préchauffez le gril du four.

3. Égouttez soigneusement les asperges ; épongez-les sur du papier absorbant si nécessaire. Huilez légèrement 2 plats à four individuels rectangulaires. Répartissez-y les asperges et parsemez-les de parmesan râpé. Faites-les dorer sous le gril, en surveillant.

4. Pendant ce temps, faites chauffer 2 cuillerées à soupe d'huile à feu vif, dans une grande poêle. Versez-y les 4 œufs, un par un. Faites-les prendre rapidement, de façon que les jaunes restent bien liquides. Salez et poivrez.

5. Déposez les œufs sur les asperges et servez aussitôt, avec du pain.

PURÉE AUX ÉPINARDS,
FETA ET RAISINS SECS

Pour 4 personnes
Préparation : 15 min
Cuisson : 20 min

800 g de pommes de terre farineuses (poids net, épluchées)
300 g d'épinards en branches surgelés
100 g de feta
50 g de petits raisins secs
1 pincée de quatre-épices
10 cl de crème fraîche
2 cuillerées à soupe d'huile d'olive
Sel et poivre

1. Placez les pommes de terre coupées en morceaux dans une casserole, couvrez d'eau froide, portez à ébullition et comptez alors 20 minutes de cuisson.

2. Pendant ce temps, faites revenir les épinards dans une poêle contenant l'huile. Débutez la cuisson à feu doux, puis augmentez la flamme jusqu'à évaporation de toute l'eau rendue. Salez, poivrez et ajoutez le quatre-épices.

3. Égouttez les pommes de terre, remettez-les dans la casserole (hors du feu). Écrasez-les avec la crème à l'aide d'un presse-purée.

4. Ajoutez les épinards et les raisins secs, mélangez, puis ajoutez la feta coupée en petits dés. Mélangez délicatement et rectifiez l'assaisonnement.

5. Servez bien chaud, avec des merguez, de l'agneau ou du bœuf grillé.

GRATIN DE CHOU-FLEUR AUX ÉPINARDS

Pour 4 personnes
Préparation : 15 min
Cuisson : 15 min

½ chou-fleur
450 g d'épinards en branches surgelés
25 cl de béchamel
50 g de fromage râpé
Muscade
1 cuillerée à soupe d'huile d'olive
Sel et poivre

1. Préchauffez le four à 210 °C (th. 7).

2. Faites dégeler les épinards à feu doux dans une poêle contenant l'huile ; augmentez la flamme et faites-les revenir jusqu'à ce que toute l'eau se soit évaporée. Salez, poivrez et saupoudrez de muscade.

3. Pendant ce temps, séparez les bouquets du chou-fleur et plongez-les dans une casserole d'eau bouillante salée. Comptez 5 minutes de cuisson à partir de la reprise de l'ébullition. Égouttez-les et rincez-les un peu à l'eau froide.

4. Mélangez le chou-fleur et les épinards dans un plat allant au four, nappez-les de béchamel et parsemez de fromage râpé. Faites cuire 15 minutes au four.

5. Servez chaud, en accompagnement de viandes, volailles ou poissons.

PURÉE AUX POIREAUX, ŒUFS MOLLETS ET LARD CROUSTILLANT

Pour 4 personnes
Préparation : 10 min
Cuisson : 20 min

200 g de fines tranches de lard
4 à 8 œufs
600 g de pommes de terre farineuses (poids net, épluchées)
2 gros blancs de poireaux
2 cuillerées à soupe de moutarde à l'ancienne
100 g de crème épaisse
Sel et poivre

1. Mettez les pommes de terre coupées en morceaux dans une casserole, couvrez d'eau froide et portez à ébullition. Ajoutez les blancs de poireaux nettoyés et émincés ; comptez environ 15 minutes de cuisson à la reprise de l'ébullition.

2. Pendant ce temps, préchauffez le four à 180 °C (th. 6). Disposez les tranches de lard sur la plaque du four recouverte de papier cuisson. Faites-les cuire environ 8 minutes, jusqu'à ce qu'elles soient croustillantes. Égouttez-les sur du papier absorbant.

3. Pendant ce temps, portez à ébullition une grande casserole bien remplie d'eau. Déposez les œufs dans une passoire et plongez-la dans l'eau bouillante. Comptez 5 à 6 minutes de cuisson à la reprise de l'ébullition, puis retirez les œufs et plongez-les dans de l'eau froide. Écalez-les.

4. Égouttez les pommes de terre et les poireaux. Remettez-les dans la casserole, hors du feu. Ajoutez la crème et la moutarde puis écrasez à l'aide d'un presse-purée. Salez et poivrez. Servez bien chaud, avec le lard et les œufs.

PURÉE DE PATATES DOUCES
À LA CORIANDRE

Pour 4 personnes • Préparation : 15 min • Cuisson : 20 min

750 g de patates douces (poids net, épluchées) • 2 cuillerées à soupe de coriandre fraîche hachée • 1 pincée de curry (facultatif) • 100 g de beurre • Sel et poivre

1. Coupez les patates douces épluchées en morceaux, mettez-les dans une casserole, couvrez d'eau froide et portez à ébullition. Laissez mijoter 20 minutes à couvert, sur feu doux. Contrôlez la cuisson : selon les variétés de patates douces, il est possible que vous deviez la prolonger.

2. Égouttez les patates douces, remettez-les dans la casserole (hors du feu). Écrasez-les au presse-purée avec le beurre, du sel, du poivre et éventuellement du curry.

3. Ajoutez la coriandre fraîche hachée et servez bien chaud, en accompagnement de magrets de canard, de gibier, de brochettes de poulet exotiques...

QUICHE AUX ASPERGES ET AU CRABE

Pour 3 à 6 personnes • Préparation : 15 min • Cuisson : 35 min

2 boîtes de crabe (2 x 120 g, poids égoutté) • 3 œufs • 1 botte d'asperges blanches • 1 pâte brisée • 2 cuillerées à soupe de ciboulette hachée • 25 cl de crème fraîche allégée • Sel et poivre

1. Supprimez la base dure des asperges, épluchez-les et faites-les cuire environ 10 minutes à l'eau bouillante salée ; elles doivent rester *al dente*. Égouttez-les délicatement puis plongez-les dans de l'eau froide.

2. Préchauffez le four à 180 °C (th. 6).

3. Foncez un grand moule à tarte avec la pâte brisée. Égouttez et épongez les asperges. Disposez-les dans le fond de tarte en 2 couches perpendiculaires. Parsemez le crabe émietté.

4. Battez les œufs avec la crème, la ciboulette, du sel et du poivre ; versez sur les asperges. Faites cuire 25 minutes au four.

5. Servez chaud, avec une salade.

PETITS FLANS D'ÉPINARDS AU GRUYÈRE

Pour 4 personnes
Préparation : 15 min
Cuisson : 20 min

100 g de lardons allumette fumés
3 œufs
400 g d'épinards en branches surgelés
80 g de gruyère râpé
20 cl de crème fraîche
1 cuillerée à soupe d'huile d'olive
Sel et poivre

1. Préchauffez le four à 180 °C (th. 6).

2. Faites décongeler les épinards au micro-ondes.

3. Pendant ce temps, faites rissoler les lardons dans une poêle avec l'huile. Retirez-les et versez les épinards dans la poêle. Faites-les revenir à feu vif, jusqu'à évaporation de toute leur eau. Versez-les ensuite dans une passoire à grille fine et pressez-les pour éliminer un maximum de liquide.

4. Fouettez les œufs avec la crème et le fromage râpé. Ajoutez les lardons et les épinards ; rectifiez l'assaisonnement.

5. Répartissez la préparation dans 4 ramequins et faites cuire 20 minutes au four.

6. Servez chaud, en entrée, avec une salade de tomates.

LINGUINE
AU PESTO ET AUX TOMATES

Pour 4 personnes
Préparation : 10 min
Cuisson : 20 min

300 g de linguine
2 grosses tomates
100 g de haricots verts
2 pommes de terre moyennes à chair ferme
1 gousse d'ail
50 g de basilic frais (2 gros bouquets)
50 g de pignons de pin grillés
50 g de parmesan râpé
10 cl + 2 cuillerées à soupe d'huile d'olive
Sel et poivre

1. Mettez le basilic, 10 cl d'huile, le parmesan et les pignons de pin dans le bol du hachoir. Salez, poivrez et faites tourner jusqu'à obtention d'un pesto plus ou moins moulu, selon vos goûts.

2. Pelez les tomates, épépinez-les et taillez-les en dés. Faites-les revenir à feu doux avec la gousse d'ail pressée dans une casserole contenant 2 cuillerées à soupe d'huile. Laissez confire doucement.

3. Faites cuire les linguine al dente dans une casserole d'eau bouillante salée.

4. Pendant ce temps, taillez les pommes de terre épluchées en tout petits dés et versez-les dans une casserole d'eau froide. Portez à ébullition et ajoutez les haricots verts nettoyés. Comptez environ 8 minutes de cuisson, puis égouttez. Versez le tout dans la casserole avec la sauce tomate et rectifiez l'assaisonnement.

5. Servez les pâtes égouttées avec la sauce et le pesto.

TARTE FINE AUX POIREAUX,
CHÈVRE ET TAPENADE

Pour 2 à 4 personnes
Préparation : 25 min
Cuisson : 15 min

4 blancs de poireaux
1 bûche de chèvre (200 g)
1 pâte brisée
1 pot de tapenade d'olives vertes (150 g)
1 cuillerée à soupe rase d'herbes de Provence
2 cuillerées à soupe d'huile d'olive
Sel et poivre

1. Préchauffez le four à 180 °C (th. 6) et sortez-en la grille.

2. Taillez les poireaux en rondelles et faites-les revenir à feu vif, avec les herbes de Provence, dans une sauteuse contenant l'huile. Ajoutez 5 cl d'eau, couvrez et laissez suer 15 minutes à feu doux.

3. Déroulez la pâte et laissez-la sur son papier de cuisson. Tartinez-la de tapenade, en laissant les bords libres, comme pour une pizza.

4. Retirez le couvercle de la sauteuse et faites réduire presque entièrement le jus de cuisson des poireaux, à feu vif. Assaisonnez-les légèrement et disposez-les sur la tapenade. Répartissez le chèvre taillé en tranches par-dessus et poivrez.

5. Faites glisser la tarte avec le papier sur la grille et faites dorer 15 minutes au four.

6. Servez bien chaud, avec une salade de tomates.

POMMES DE TERRE SAUTÉES
À L'INDIENNE

Pour 4 personnes
Préparation : 15 min
Cuisson : 15 min

800 g de petites pommes de terre
½ botte de ciboules
1 piment vert
2 gousses d'ail
Coriandre fraîche
1 cuillerée à café de graines de moutarde
1 cuillerée à soupe rase de curry
1 grosse noix de beurre
2 cuillerées à soupe d'huile
Sel et poivre

1. Faites cuire les pommes de terre en robe des champs, selon la méthode de votre choix (au micro-ondes, à l'eau ou à la vapeur).

2. Laissez tiédir un peu et coupez-les en quatre (ou plus, selon leur taille).

3. Faites chauffer doucement l'huile dans une grande poêle et faites-y revenir les gousses d'ail pressées, le curry et les graines de moutarde pendant 1 minute. Ajoutez alors le beurre et les pommes de terre. Faites revenir à feu vif, jusqu'à coloration.

4. Ajoutez le piment vert finement haché et les ciboules hachées. Faites revenir 2 minutes, rectifiez l'assaisonnement et parsemez de coriandre fraîche.

5. Servez en accompagnement de grillades ou avec des œufs sur le plat. Accompagnez de chutney, de yaourt grec à la menthe, etc.

RISOTTO AUX PETITS POIS,
MENTHE ET POIS MANGE-TOUT

Pour 4 personnes
Préparation : 10 min
Cuisson : 20 min

250 g de riz arborio
150 g de petits pois surgelés
125 g de pois mange-tout
1 oignon
2 poignées de feuilles de menthe
25 g de parmesan fraîchement râpé
15 cl de vin blanc sec
1 cube de bouillon dégraissé
Quelques cuillerées à soupe de crème épaisse
3 cuillerées à soupe d'huile d'olive
1 cuillerée à café de fleur de sel
Poivre

1. Faites revenir l'oignon finement haché 2 minutes à feu doux dans une cocotte contenant 2 cuillerées à soupe d'huile. Versez ensuite le riz, mélangez 2 minutes, puis ajoutez le vin blanc. Versez également 60 cl d'eau chaude et ajoutez le cube de bouillon émietté. Couvrez et laissez mijoter 15 minutes à feu très doux.

2. Ajoutez les petits pois rincés à l'eau chaude et les mange-tout. Mélangez bien, couvrez et poursuivez la cuisson 5 minutes.

3. Hachez finement les feuilles de menthe puis écrasez-les avec la fleur de sel et 1 cuillerée à soupe d'huile d'olive. Ajoutez ce mélange dans le risotto, ainsi que le parmesan. Laissez reposer 2 minutes, mélangez et rectifiez l'assaisonnement.

4. Servez sans attendre, avec un peu de crème.

GRATIN DE GNOCCHIS AUX ROULADES D'ASPERGES

Pour 4 personnes
Préparation : 20 min
Cuisson : 20 min

10 à 12 tranches de jambon cuit
1 kg de gnocchis
2 bottes d'asperges (1 blanche + 1 verte)
100 g de fromage râpé
50 cl de béchamel
Sel

1. Préchauffez le four à 180 °C (th. 6).

2. Supprimez la base dure des asperges ; épluchez uniquement les blanches. Faites-les cuire à l'eau bouillante salée : comptez environ 5 minutes pour les vertes et 10 minutes pour les blanches (elles doivent rester *al dente*). Égouttez-les délicatement et trempez-les dans de l'eau froide.

3. Pendant ce temps, faites cuire les gnocchis à l'eau bouillante salée ; égouttez-les dès qu'ils remontent à la surface et rincez-les à l'eau froide. Transférez-les dans un plat à four et mélangez-les avec la moitié de la béchamel.

4. Égouttez et épongez les asperges. Enroulez-les dans les tranches de jambon, en mélangeant les couleurs (3 asperges par roulade). Déposez-les sur les gnocchis, nappez avec le reste de la béchamel et parsemez de fromage râpé.

5. Faites cuire le gratin 20 minutes au four. Servez bien chaud.

RECETTES D' ÉTÉ

TORTILLA DE LÉGUMES
AU CHORIZO

Pour 4 à 8 personnes
Préparation : 15 min
Cuisson : 15 min

100 g de chorizo piquant ou doux
6 œufs
1 courgette (250 g)
1 petite boîte de maïs en grains (140 g)
1 poivron rouge
1 oignon
3 cuillerées à soupe d'huile d'olive
Sel et poivre

1. Taillez le chorizo en petits dés et faites-les rissoler rapidement dans une grande sauteuse avec 2 cuillerées à soupe d'huile. Retirez-les avec une écumoire et réservez l'huile.

2. Taillez la courgette et le poivron en petits dés. Hachez l'oignon. Faites-les revenir à feu vif dans la sauteuse. Assaisonnez, couvrez et laissez suer 10 minutes à feu doux. Versez-les ensuite dans une passoire et laissez égoutter.

3. Battez les œufs en omelette avec 2 cuillerées à soupe d'eau, du sel et du poivre. Ajoutez le maïs égoutté, le chorizo et les légumes. Mélangez, salez et poivrez.

4. Faites chauffer 1 cuillerée à soupe d'huile dans une poêle anti-adhésive. Versez-y la préparation et faites prendre quelques minutes à feu moyen. Couvrez, maintenez le tout ensemble et retournez. Faites glisser la tortilla dans la poêle et faites prendre l'autre face.

5. Dégustez chaud ou froid.

FENOUIL
EN VINAIGRETTE

Pour 1 grand plat
Préparation : 10 min
Cuisson : 25 min
Réfrigération : 2 h

2 fenouils, pas trop gros
1 oignon
1 gousse d'ail
8 grains de poivre noir
1 bonne cuillerée à café de graines de moutarde
1 feuille de laurier
8 cl de vin blanc sec
20 cl de vinaigre de vin blanc
20 cl d'huile d'olive
Sel

1. Versez 40 cl d'eau dans une cocotte et ajoutez l'huile, le vinaigre, le vin blanc, l'oignon haché, la gousse d'ail pressée, le poivre, les graines de moutarde, le laurier et du sel. Portez à ébullition.

2. Supprimez les tiges des fenouils (conservez les fanes) et taillez-les finement en quartiers. Plongez-les dans le liquide bouillant et portez de nouveau à ébullition. Couvrez et laissez mijoter 25 minutes environ, jusqu'à ce qu'ils soient tendres.

3. Transférez les fenouils dans un grand saladier à l'aide d'une écumoire, versez le bouillon par-dessus et laissez refroidir complètement. Couvrez et laissez reposer au moins 2 heures au réfrigérateur

4. Égouttez un peu, décorez de fanes de fenouil et servez frais avec d'autres antipasti : salade de poulpes, scampis, etc.

RADIS
CONFITS

Pour 4 personnes • Préparation : 10 min • Cuisson : 15 min

2 bottes de radis • Persil haché • 3 c. à soupe de sucre semoule • 1 grosse noix de beurre • Sel et poivre

1. Nettoyez les radis et mettez-les dans une petite sauteuse avec le beurre fondu. Saupoudrez-les de sucre et faites-les revenir 2 minutes à feu modéré.

2. Ajoutez 2 ou 3 cuillerées à soupe d'eau, couvrez et laissez mijoter 15 minutes à feu doux.

3. Rectifiez l'assaisonnement et parsemez de persil haché. Servez chaud, en accompagnement de poissons ou de bœuf grillé.

SOUPE DE LÉGUMES
AU BASILIC ET À LA RICOTTA

Pour 4 personnes • Préparation : 15 min • Cuisson : 10 min

1 courgette (250 g) • 2 tomates • 1 oignon • 2 gousses d'ail • 100 g de ricotta • 1 petite boîte de concentré de tomate (70 g) • 1 gros bouquet de basilic • 2 cubes de bouillon dégraissé • 2 c. à soupe d'huile d'olive • Sel et poivre

1. Faites revenir l'oignon haché 5 minutes à feu doux dans une cocotte contenant l'huile. Ajoutez les gousses d'ail pressées, mélangez 1 minute, puis ajoutez les tomates pelées, épépinées et coupées en dés, ainsi que la courgette taillée en petits dés. Mélangez 2 minutes, versez 1 litre d'eau puis ajoutez les cubes de bouillon émiettés et le concentré de tomate. Portez à ébullition et laissez mijoter 10 minutes sur feu doux.

2. Délayez la ricotta avec une louche du bouillon chaud ; mélangez jusqu'à obtention d'un mélange bien lisse. Ajoutez-le dans la cocotte, ainsi que le basilic grossièrement haché. Rectifiez l'assaisonnement et servez sans attendre.

3. Accompagnez de ciabatta croustillante.

TORTILLA AUX COURGETTES ET AU MANCHEGO

Pour 3 à 6 personnes
Préparation : 20 min
Cuisson : 15 min

6 gros œufs
1 kg de courgettes
50 g de manchego (poids net, sans croûte)
3 cuillerées à soupe d'huile d'olive
Sel et poivre

1. N'épluchez pas les courgettes mais taillez-les en petits dés. Faites-les revenir 10 minutes à feu doux dans une grande poêle contenant 2 cuillerées à soupe d'huile, en mélangeant souvent. Transférez-les ensuite dans une passoire et laissez-les égoutter 5 minutes.

2. Battez les œufs en omelette avec le manchego râpé. Ajoutez les courgettes, salez et poivrez.

3. Faites chauffer 1 cuillerée à soupe d'huile dans une poêle antiadhésive. Versez-y la préparation et faites prendre à feu doux, en grattant le fond de temps en temps pour faire s'écouler la partie liquide vers le bas. Après 10 minutes environ, posez un grand couvercle sur la tortilla, maintenez-le fermement et retournez le tout. Faites glisser la tortilla du couvercle dans la poêle et faites prendre encore quelques minutes.

4. Dégustez chaud, avec de la sauce tomate ou une salade. C'est également très bon froid, dans un sandwich.

BEIGNETS DE TOMATES

Pour 4 à 8 personnes
Préparation : 10 min
Repos : 1 h
Cuisson : 3 min par fournée

6 tomates allongées bien fermes
100 g de farine
1 œuf
6 cl de lait
6 cl de bière
1 bain de friture
½ cuillerée à soupe d'huile d'olive
Sel

1. Coupez les tomates en rondelles très épaisses (au moins 1,5 cm d'épaisseur). Salez-les généreusement et laissez-les dégorger 1 heure dans une passoire.

2. Mélangez la farine, le lait et la bière au fouet. Ajoutez le jaune d'œuf (réservez le blanc), l'huile d'olive et une demi-cuillerée à café de sel. Mélangez, couvrez d'un linge et laissez reposer 1 heure.

3. Faites chauffer votre friteuse à 180 °C.

4. Épongez soigneusement les rondelles de tomates avec du papier absorbant.

5. Montez le blanc d'œuf en neige et ajoutez-le à la pâte.

6. Plongez les rondelles de tomates une par une dans la pâte, secouez-les un peu et plongez-les dans l'huile chaude (environ 6 à la fois). Faites dorer sur les 2 faces et égouttez sur du papier absorbant.

7. Servez chaud, en entrée ou en accompagnement.

SALADE DE HARICOTS VERTS ET BLANCS

Pour 4 personnes • Préparation : 10 min • Réfrigération : 30 min • Cuisson : 5 min

400 g de haricots verts extrafins • 1 boîte de haricots blancs (240 g poids égoutté) • 4 brins de persil plat • 2 c. à soupe de jus de citron • 1 c. à soupe de vinaigre balsamique • 5 c. à soupe d'huile d'olive • Sel et poivre

1. Faites cuire les haricots verts quelques minutes à l'eau bouillante salée ; veillez à les garder croquants. Égouttez-les et rincez-les abondamment à l'eau froide.

2. Pendant ce temps, versez le jus de citron et le vinaigre dans un grand saladier. Salez, poivrez, puis ajoutez l'huile d'olive ; mélangez au fouet.

3. Égouttez les haricots blancs et rincez-les longuement à l'eau froide. Versez-les dans le saladier et ajoutez les haricots verts, ainsi que les feuilles du persil. Mélangez bien, couvrez et laissez reposer au moins 30 minutes au réfrigérateur avant de servir.

4. Cette salade est un accompagnement parfait pour des grillades de viande ou de poisson.

SALADE DE POIS CHICHES
À LA MAROCAINE

Pour 4 personnes • Préparation : 15 min • Réfrigération : 30 min

1 boîte de pois chiches (240 g, poids égoutté) • 2 tomates • 4 ciboules • 50 g de rondelles d'olives vertes et noires dénoyautées • 3 ou 4 brins de menthe • ½ c. à café de cumin en poudre • Harissa • 3 c. à soupe de jus de citron • 3 c. à soupe d'huile d'olive • Sel et poivre

1. Versez l'huile dans un saladier, ajoutez la harissa (selon vos goûts) et le cumin. Mélangez bien.

2. Égouttez les pois chiches, rincez-les longuement à l'eau froide, égouttez-les encore et versez-les dans le saladier. Ajoutez les tomates épépinées et coupées en petits dés, les ciboules émincées (le blanc + deux tiers du vert), les olives, la menthe ciselée et le jus de citron. Salez, poivrez et mélangez bien.

3. Couvrez et laissez reposer au moins 30 minutes au réfrigérateur avant de servir.

4. Servez en accompagnement de grillades, avec de la feta ou lors d'un buffet froid ou d'un pique-nique.

SALADE DE POMMES DE TERRE
ET PATATES DOUCES
AU PESTO DE CORIANDRE

Pour 4 à 8 personnes
Préparation : 15 min
Cuisson : 20 min

500 g de patates douces
500 g de pommes de terre à chair ferme
1 concombre
1 bocal de cœurs d'artichauts à l'huile (280 g poids égoutté)
40 g d'amandes mondées grillées
25 g de parmesan râpé
1 gros bouquet de coriandre fraîche
2 cuillerées à soupe de vinaigre balsamique blanc
Sel et poivre

1. Faites cuire les pommes de terre et les patates douces en robe des champs, à l'eau ou à la vapeur, en veillant à les garder légèrement fermes.

2. Égouttez-les et épluchez-les. Coupez-les en morceaux, étalez-les sur un grand plat et laissez-les refroidir.

3. Versez les amandes, le parmesan et la coriandre dans le bol du hachoir. Ajoutez le vinaigre balsamique et 10 cl d'huile récupérée dans le bocal d'artichauts (complétez si nécessaire avec de l'huile d'olive). Salez, poivrez et faites tourner jusqu'à obtention d'un pesto assez fluide.

4. Coupez le concombre en deux dans la longueur, épépinez-le et taillez-le en tranches. Coupez les cœurs d'artichauts en deux ou en quatre.

5. Versez les pommes de terre et les patates douces dans un saladier, ajoutez les artichauts, le concombre et le pesto ; mélangez bien.

6. Servez en accompagnement de grillades ou lors d'un buffet froid. Cette salade est aussi très bonne avec des gambas ou du poulet.

SALADE DE CAROTTES AUX RAISINS SECS

Pour 4 personnes • Préparation : 20 min • Réfrigération : 2 h 30

400 g de jeunes carottes • 2 échalotes • 80 g de petits raisins secs • 8 grandes feuilles de menthe • 50 g de mayonnaise • 1 c. à café de moutarde • 5 c. à soupe de jus de citron • Sel et poivre

1. Pelez ou grattez les carottes et taillez-les en fines rondelles. Arrosez-les de 4 cuillerées à soupe de jus de citron, mélangez bien, couvrez et laissez reposer 2 heures au réfrigérateur.

2. Ajoutez ensuite les raisins secs, les échalotes finement hachées et la menthe ciselée.

3. Mélangez la mayonnaise, la moutarde et 1 cuillerée à soupe de jus de citron. Versez sur la salade et mélangez bien. Couvrez et laissez reposer au moins 30 minutes au réfrigérateur avant de servir.

4. Servez en accompagnement de grillades de viandes ou de poisson, ou avec du fromage ou de la charcuterie. Cette salade est également idéale pour un pique-nique ou un buffet.

MINI-RÖSTIS DE CAROTTES AU CUMIN

Pour 4 personnes • (12 pièces) • Préparation : 10 min • Cuisson : 10 min

5 carottes (poids net épluchées : 400 g) • 2 petits œufs • 50 g de farine • 1 c. à café rase de cumin • Huile d'olive • Sel et poivre

1. Râpez les carottes dans un saladier, avec le gros côté de la râpe. Ajoutez les œufs battus, la farine, le cumin, du sel et du poivre. Mélangez.

2. Huilez une grande poêle anti-adhésive, faites-la chauffer et déposez-y 6 cuillerées de carottes, en les aplatissant un peu. Faites dorer les röstis 2 à 3 minutes sur chaque face. Tenez-les au chaud pendant que vous cuisez la seconde fournée.

3. Servez chaud, en accompagnement de viande, de volaille ou de poisson. Vous pouvez aussi servir les röstis en entrée, avec du tzatziki.

GRATIN DE TOMATES
ET D'ŒUFS DURS À LA MOZZARELLA

Pour 4 à 8 personnes
Préparation : 15 min
Cuisson : 40 min

6 œufs
6 tomates
1 boule de mozzarella
Origan séché
Basilic haché
3 cuillerées à soupe d'huile d'olive
Sel et poivre

1. Coupez les tomates en rondelles, salez-les et laissez-les dégorger dans une passoire.

2. Déposez les œufs dans une casserole, couvrez d'eau froide et portez à ébullition. Faites-les cuire 9 à 10 minutes. Plongez-les quelques minutes dans l'eau froide. Écalez-les et taillez-les en rondelles

3. Préchauffez le four à 180 °C (th. 6).

4. Déposez les rondelles de tomates sur une double épaisseur de papier absorbant et épongez-les bien sur les deux faces. Hachez finement la mozzarella.

5. Disposez la moitié des rondelles de tomates dans le fond d'un plat allant au four. Arrosez d'une cuillerée à soupe d'huile d'olive, poivrez et parsemez d'origan. Recouvrez avec la moitié des rondelles d'œufs durs et la moitié de la mozzarella. Renouvelez l'opération.

6. Faites cuire 30 minutes au four. Parsemez de basilic haché et servez bien chaud.

PIZZA VERTE AUX COURGETTES ET À LA ROQUETTE

Pour 2 à 4 personnes
Préparation : 15 min
Cuisson : 10 min

1 pâte à pizza (375 g)
2 courgettes (environ 600 g en tout)
1 boule de mozzarella
3 cuillerées à soupe de pignons de pin
1 grosse poignée de roquette
Origan séché
2 cuillerées à soupe d'huile d'olive
Sel et poivre

1. Préchauffez le four à 210 °C (th. 7) et sortez-en la grille.

2. Taillez les courgettes en petits dés et faites-les revenir 5 minutes à feu modéré dans une grande poêle contenant l'huile. Salez, poivrez, puis versez-les dans une passoire ; laissez égoutter un peu.

3. Pendant ce temps, découpez une feuille de papier cuisson à la grandeur de la grille du four et déposez-y la pâte à pizza. Étirez-la du bout des doigts, en partant du centre vers les bords, de manière qu'elle recouvre presque entièrement le papier.

4. Répartissez les dés de courgettes et la mozzarella taillée en petits morceaux sur la pâte, ajoutez les pignons de pin et parsemez généreusement d'origan.

5. Faites glisser la pizza et le papier sur la grille du four et faites cuire environ 10 minutes, en surveillant.

6. Garnissez la pizza de roquette et servez aussitôt.

TIAN DE LÉGUMES
AU CHÈVRE

Pour 3 à 4 personnes
Préparation : 20 min
Cuisson : 1 h

1 bûche de chèvre frais (120 g)
4 tomates allongées
1 aubergine
1 grosse courgette (ou 2 petites)
1 poivron rouge
1 oignon
2 gousses d'ail
4 cuillerées à soupe de couscous
1 cuillerée à soupe rase d'herbes de Provence
4 cuillerées à soupe d'huile d'olive
Sel et poivre

1. Faites revenir à feu doux l'oignon émincé, le poivron taillé en lamelles et les gousses d'ail pressées dans une poêle contenant 2 cuillerées à soupe d'huile. Salez et poivrez.

2. Préchauffez le four à 180 °C (th. 6).

3. Taillez les tomates, la courgette et l'aubergine en rondelles.

4. Versez le mélange oignon-ail-poivron dans un plat allant au four. Parsemez de couscous et disposez les rondelles de légumes par-dessus, en rangs serrés et presque à la verticale, en alternant les couleurs. Salez, poivrez et parsemez d'herbes de Provence. Arrosez d'huile.

5. Couvrez le plat de papier d'aluminium, bien serré, et faites cuire 45 minutes au four. Retirez l'aluminium, parsemez de chèvre émietté et poursuivez la cuisson 15 minutes au four, à découvert.

6. Servez chaud ou tiède, avec du pain et une salade.

ASTUCE

Pourquoi du couscous dans le fond du plat ? Pour absorber le jus rendu par les légumes et éviter qu'ils ne soient détrempés.

GRATIN DE POMMES DE TERRE
ET LÉGUMES À L'ITALIENNE

Pour 4 à 6 personnes
Préparation : 25 min
Cuisson : 20 min

600 g de pommes de terre
250 g de champignons de Paris
1 poivron rouge
1 gousse d'ail
1 boîte de tomates concassées (400 g)
100 g de mozzarella râpée
1 cuillerée à soupe d'origan séché
1 cube de bouillon dégraissé
3 cuillerées à soupe d'huile d'olive
Sel et poivre

1. Faites cuire les pommes de terre en robe des champs selon la méthode de votre choix (au micro-ondes, à l'eau ou à la vapeur).

2. Placez les champignons émincés, la gousse d'ail pressée et le poivron taillé en dés dans une grande sauteuse avec l'huile. Couvrez et laissez suer 5 minutes à feu doux.

3. Préchauffez le four à 180 °C (th. 6).

4. Retirez le couvercle de la sauteuse et faites revenir les légumes à feu vif, jusqu'à évaporation de tout le liquide. Parsemez d'origan.

5. Coupez les pommes de terre en dés. Ajoutez-les dans la sauteuse avec les tomates concassées et 15 cl d'eau. Ajoutez le cube de bouillon émietté et mélangez.

6. Rectifiez l'assaisonnement et transférez dans un plat allant au four. Parsemez de mozzarella râpée et faites dorer 20 minutes au four.

7. Servez chaud, en accompagnement d'une viande, d'un poisson ou d'une volaille.

PIZZA BLANCHE
AUX COURGETTES

Pour 2 personnes
Préparation : 10 min
Cuisson : 15 min

1 pâte à pizza (375 g)
1 courgette moyenne
200 g de ricotta
25 g de parmesan fraîchement râpé
3 cuillerées à soupe de pignons de pin
1 cuillerée à soupe d'origan séché
Huile d'olive
Sel et poivre

1. Préchauffez le four à 180 °C (th. 6) et sortez-en la grille.

2. Découpez un morceau de papier cuisson au même format que la grille et déposez-y la pâte. Étirez-la du bout des doigts, en commençant par le centre, de manière qu'elle recouvre presque tout le papier.

3. Mélangez la ricotta et le parmesan puis étalez sur la pâte.

4. Taillez la courgette en tranches extra-fines à l'aide d'une mandoline et recouvrez-en le fromage. Salez, puis parsemez d'origan et de pignons de pin.

5. Faites glisser la pizza avec son papier sur la grille du four, arrosez d'un filet d'huile d'olive et faites dorer 15 minutes au four.

6. Servez chaud.

ASTUCE

Vous pouvez garnir votre pizza de jambon cru ou de roquette à la sortie du four.

QUICHE AU FENOUIL
ET AU ROQUEFORT

Pour 3 à 6 personnes
Préparation : 20 min
Cuisson : 30 min

2 petits fenouils
1 pâte brisée
3 œufs
100 g de roquefort
25 cl de crème fraîche allégée
Sel et poivre

1. Préchauffez le four à 180 °C (th. 6).

2. Supprimez les tiges des fenouils et taillez-les en petits dés (environ 500 g net). Plongez-les dans une grande casserole d'eau bouillante et laissez mijoter 10 minutes.

3. Foncez un grand moule à tarte avec la pâte brisée. Battez les œufs avec la crème, du sel et du poivre. Émiettez grossièrement le roquefort.

4. Égouttez le fenouil et rincez-le longuement à l'eau froide. Égouttez bien et épongez sur du papier absorbant.

5. Répartissez le fenouil dans le fond de tarte, parsemez de roquefort et versez la crème aux œufs par-dessus. Faites cuire 30 minutes au four.

6. Servez chaud, accompagné d'une salade.

CŒURS DE LAITUE GRILLÉS, VINAIGRETTE À LA MENTHE

Pour 4 personnes • Préparation : 10 min • Cuisson : 5 min

8 cœurs de laitue romaine • 1 jaune d'œuf • Une poignée de feuilles de menthe • ½ c. à café de moutarde à l'ancienne • 2 c. à soupe de vinaigre de Xérès • 8 cl d'huile d'olive légère • 2 c. à soupe d'huile d'olive • Sel et poivre

1. Mettez le jaune d'œuf dans le bol du mixeur et ajoutez le vinaigre, la moutarde, l'huile d'olive légère, les feuilles de menthe, du sel et du poivre. Mixez jusqu'à obtention d'une vinaigrette bien homogène.

2. Coupez les laitues en deux et faites-les dorer rapidement sur les deux faces, dans une grande poêle contenant l'huile d'olive. Retirez du feu, arrosez de vinaigrette et mélangez.

3. Servez aussitôt, en accompagnement de grillades.

ASTUCE

Si vous n'avez pas d'huile d'olive légère, utilisez un mélange composé pour moitiés d'huile d'olive et d'huile de tournesol.

COURGETTES SAUTÉES
AUX ÉPICES

Pour 4 personnes • Préparation : 10 min • Cuisson : 5 min

3 courgettes (900 g) • Menthe fraîche (facultatif) • 1 c. à café rase de cumin • 1 c. à café rase de coriandre • 1 c. à café rase de paprika piquant • 1 c. à café rase de cassonade blonde • 3 c. à soupe d'huile d'olive • Sel et poivre

1. Taillez les courgettes (non épluchées) en dés, en demi-rondelles ou en bâtonnets.

2. Faites chauffer l'huile et les épices dans une sauteuse. Mélangez 1 minute, puis versez les dés de courgettes. Faites-les revenir environ 5 minutes à feu modéré, en mélangeant souvent ; le but est de les garder légèrement croquantes.

3. Saupoudrez-les de sucre, salez, poivrez et ajoutez éventuellement de la menthe fraîche hachée. Servez bien chaud, en accompagnement de grillades (viande, volaille ou poisson).

ASTUCE

Le pimenton picante espagnol est parfait pour cette recette.

CRUMBLES
AUX TOMATES RÔTIES

Pour 4 personnes
Préparation : 20 min
Cuisson : 1 h 40

1 kg de tomates
1 gousse d'ail
65 g de farine
25 g de parmesan râpé
25 g de chapelure
2 cuillerées à soupe de pignons de pin
Persil haché
65 g de beurre salé bien froid
2 cuillerées à soupe d'huile d'olive
Sel et poivre

1. Préchauffez le four à 150 °C (th. 5).

2. Coupez les tomates en deux horizontalement, épépinez-les, puis coupez-les en gros morceaux. Répartissez-les dans un plat à four, arrosez-les avec l'huile d'olive, parsemez la gousse d'ail pressée et du sel. Faites rôtir 1 heure 15 au four.

3. Versez la farine, le parmesan et la chapelure dans un saladier. Ajoutez le beurre coupé en petits dés et travaillez le tout du bout des doigts, en effritant, de manière à obtenir de grosses miettes.

4. Augmentez la température du four à 180 °C (th. 6).

5. Répartissez les tomates égouttées dans 4 petits plats individuels, parsemez-les de persil, puis recouvrez-les avec les miettes de crumble. Parsemez de pignons de pin et faites dorer 25 minutes au four.

6. Servez chaud, en accompagnement de grillades de viande, d'une volaille ou d'un poisson.

POMMES DE TERRE
FARCIES AU PESTO

Pour 4 personnes
Préparation : 15 min
Cuisson : 20 min

4 grosses pommes de terre (d'environ 200 g chacune)
100 g de pesto frais
4 cuillerées à soupe de pignons de pin
4 cuillerées à soupe de parmesan fraîchement râpé
10 cl de crème fraîche (facultatif)
Sel et poivre

1. Lavez et brossez les pommes de terre, disposez-les en carré dans un plat, piquez-les, couvrez et faites-les cuire au micro-ondes, 2 x 5 minutes à 800 watts, en les retournant à mi-cuisson. Elles doivent être cuites mais encore un peu fermes. Laissez tiédir.

2. Préchauffez le four à 210 °C (th. 7).

3. Coupez les pommes de terre en deux horizontalement et évidez-les avec une cuillère parisienne, de manière à obtenir des coques d'environ 5 mm d'épaisseur.

4. Écrasez la chair avec le pesto et ajoutez éventuellement la crème. Rectifiez l'assaisonnement et farcissez les demi-pommes de terre avec cette préparation.

5. Déposez-les dans un grand plat à four. Parsemez de parmesan et de pignons de pin. Faites dorer 10 minutes au four.

6. Servez bien chaud, en accompagnement de grillades de viande, de poisson ou de volaille.

TARTIFLETTE
AUX LÉGUMES

Pour 4 personnes
Préparation : 30 min
Cuisson : 20 min

9 tranches de fromage à raclette (250 g)
200 g de lardons fumés
4 pommes de terre à chair ferme (400 à 450 g)
3 belles carottes (environ 400 g)
1 belle courgette (environ350 g)
1 gros oignon
1 cuillerée à soupe rase de thym
1 cuillerée à soupe d'huile d'olive
Poivre

1. Épluchez les pommes de terre, coupez-les en petits dés et déposez-les dans une casserole d'eau froide. Couvrez, portez à ébullition et ajoutez les carottes taillées en rondelles. Comptez 15 minutes de cuisson à la reprise de l'ébullition.

2. Préchauffez le four à 180 °C (th. 6).

3. Hachez l'oignon et coupez la courgette non épluchée en demi-rondelles épaisses. Faites-les revenir à feu vif avec les lardons, dans une grande sauteuse contenant l'huile. Saupoudrez de thym et poivrez.

4. Quand les pommes de terre et les carottes sont cuites, égouttez-les et ajoutez-les dans la sauteuse. Mélangez et versez dans un grand plat allant au four.

5. Recouvrez avec les tranches de fromage à raclette et faites dorer 20 minutes au four.

6. Servez chaud, avec une salade.

PAPILLOTES DE POIVRONS
À LA FETA

Pour 4 personnes
Préparation : 15 min
Cuisson : 15 min

3 poivrons (couleurs au choix)
1 bloc de feta (200 g)
4 brins de thym
4 brins de romarin
4 cuillerées à soupe d'huile d'olive
Poivre

1. Préchauffez le four à 180 °C (th. 6) ou allumez le barbecue.

2. Taillez les poivrons en petits dés et plongez-les dans une casserole d'eau bouillante. Comptez 4 minutes de cuisson à partir de la reprise de l'ébullition. Égouttez-les et rincez-les à l'eau froide.

3. Répartissez-les sur 4 carrés de papier cuisson (double épaisseur) et ajoutez par-dessus la feta taillée en dés. Arrosez d'huile d'olive, poivrez, puis ajoutez un brin de thym et de romarin sur chaque tas.

4. Fermez les papillotes et faites-les cuire 15 minutes au four ou au barbecue (grille en position haute). Servez chaud ou tiède, en entrée ou comme accompagnement.

ASTUCE

Pour une cuisson au barbecue, confectionnez des papillotes avec une feuille de papier cuisson posée sur une feuille de papier d'aluminium.

AUBERGINES FARCIES
AU COUSCOUS ET À LA FETA

Pour 4 à 8 personnes
Préparation : 15 min
Cuisson : 30 min

4 aubergines moyennes
400 g de feta
120 g de couscous
1 gousse d'ail
1 œuf
□ de bouquet de menthe
□ de bouquet de persil plat
4 cuillerées à soupe d'huile d'olive
Sel et poivre

1. Préchauffez le four à 180 °C (th. 6).

2. Portez 15 cl d'eau salée à ébullition dans une petite casserole. Retirez du feu, ajoutez le couscous et laissez gonfler.

3. Coupez les aubergines en deux dans la longueur. Évidez-les à l'aide d'une cuillère parisienne, en laissant des coques d'environ 0,5 cm d'épaisseur. Versez la chair dans le bol du mixeur et ajoutez 2 cuillerées à soupe d'huile d'olive, la gousse d'ail pressée, l'œuf, les feuilles de persil et de menthe. Mixez jusqu'à obtention d'une purée homogène.

4. Ajoutez le couscous aéré à la fourchette, ainsi que 250 g de feta émiettée. Mélangez et assaisonnez.

5. Déposez les demi-aubergines évidées dans un grand plat allant au four tapissé de papier cuisson. Farcissez-les avec la préparation. Émiettez le reste de feta dessus et arrosez d'un filet d'huile.

6. Faites cuire 30 minutes au four. Servez bien chaud.

AUBERGINES GRILLÉES,
SAUCE AUX HERBES

Pour 4 personnes
Préparation : 10 min
Repos : 30 min
Cuisson : 5 min par fournée

2 grosses aubergines (600 g)
1 gousse d'ail
5 brins de menthe
5 brins de persil plat
1 cuillerée à café d'origan séché
½ cuillerée à café de piment en poudre
3 cuillerées à soupe de jus de citron
Huile d'olive
Sel et poivre

1. N'épluchez pas les aubergines ; taillez-les en tranches épaisses (1,5 cm). Salez-les sur les 2 faces et laissez-les dégorger 30 minutes dans une grande passoire (évitez si possible de les superposer).

2. Faites chauffer une poêle-gril, à sec.

3. Épongez soigneusement les tranches d'aubergines avec du papier absorbant. Badigeonnez-les très légèrement d'huile d'olive et faites-les griller à feu modéré, sur les 2 faces. Disposez-les au fur et à mesure sur un plat.

4. Pendant ce temps, mélangez le jus de citron, du sel, du poivre, 3 cuillerées à soupe d'huile d'olive, la gousse d'ail pressée, le piment et l'origan. Ajoutez les feuilles de menthe et de persil plat hachées ; mélangez bien.

5. Arrosez-les avec la sauce et laissez tiédir.

6. Servez en accompagnement de grillades ou comme *antipasti*, avec de la charcuterie italienne et des olives.

ASTUCE
Vous pouvez aussi griller vos aubergines sur le barbecue.

SPAGHETTIS
AUX TOMATES CERISES RÔTIES

Pour 4 personnes • Préparation : 10 min • Cuisson : 20 min

400 à 500 g de spaghettis • 750 g de tomates cerises • 1 boîte de filets d'anchois à l'huile (50 g) • 6 gousses d'ail • 2 c. à soupe de câpres • Basilic frais • Piment en poudre • 12 cl d'huile d'olive • Sel et poivre

1. Préchauffez le four à 180 °C (th. 6).

2. Coupez les tomates cerises en deux, mettez-les dans un grand plat à four, ajoutez l'huile, les gousses d'ail pelées entières, les filets d'anchois coupés en petits morceaux et du piment. Faites cuire 20 minutes au four.

3. Pendant ce temps, faites cuire les spaghettis al dente.

4. Sortez le plat du four, ajoutez les câpres, parsemez de basilic grossièrement haché et rectifiez l'assaisonnement (attention, les anchois sont très salés).

5. Servez aussitôt.

FENOUIL BRAISÉ
AU MIEL ET AUX AGRUMES

Pour 4 personnes • Préparation : 10 min • Cuisson : 12 min

2 beaux fenouils • 1 orange • 1 citron • 2 ou 3 c. à soupe de miel • Une noix de beurre • 1 c. à soupe d'huile d'olive • Sel et poivre

1. Pressez l'orange et le citron de façon à obtenir 15 cl de jus en tout.

2. Supprimez les tiges des fenouils et taillez-les en huit, verticalement. Faites-les dorer à feu vif, de tous côtés, dans une grande sauteuse contenant le beurre et l'huile bien chauds. Salez et poivrez.

3. Arrosez avec le miel et le jus, couvrez et laissez mijoter 10 minutes à feu doux, en retournant les quartiers de fenouil à mi-cuisson.

4. Quand ils sont tendres, retirez-les et faites réduire la sauce à feu vif, jusqu'à ce qu'elle devienne légèrement sirupeuse. Remettez les fenouils dans la sauce et faites chauffer encore 1 minute.

5. Servez chaud, en accompagnement de poissons, de scampis ou d'une volaille.

FENOUIL
EN RATATOUILLE

Pour 4 personnes
Préparation : 20 min
Cuisson : 30 min

2 petits fenouils
1 grosse aubergine
500 g de tomates
2 oignons
1 gousse d'ail
12 olives noires dénoyautées
1 cuillerée à soupe d'herbes de Provence
Persil haché
8 cl d'huile d'olive
Sel et poivre

1. Taillez l'aubergine non épluchée en dés, salez généreusement et laissez dégorger dans une passoire.

2. Pendant ce temps, émincez les oignons et le fenouil débarrassé de ses tiges (environ 500 g net). Faites-les revenir dans une sauteuse contenant l'huile, couvrez et laissez suer 10 minutes à feu très doux.

3. Pendant ce temps, fendez légèrement la peau des tomates, plongez-les 1 minute dans de l'eau bouillante et égouttez-les. Pelez-les, coupez-les en huit et épépinez-les.

4. Épongez soigneusement les dés d'aubergine et ajoutez-les dans la sauteuse, ainsi que les tomates, la gousse d'ail pressée et les herbes de Provence. Laissez mijoter 30 minutes à feu très doux.

5. Ajoutez les olives et le persil haché puis rectifiez l'assaisonnement. Servez chaud, en accompagnement de grillades de viande, de volaille ou de poisson.

ASTUCE

Cette ratatouille est également délicieuse servie froide. Dans ce cas, vous pouvez ajouter un peu de vinaigre balsamique.

BRIAMI
À LA FETA

Pour 4 personnes
Préparation : 15 min
Cuisson : 1 h

200 g de feta
2 courgettes (500 g)
3 poivrons (couleurs au choix)
200 g de petites pommes de terre (grenailles ou autres)
1 boîte de tomates concassées (400 g)
1 oignon
3 gousses d'ail
1 douzaine d'olives noires dénoyautées
1 cuillerée à soupe de thym ou d'origan séché
2 cuillerées à soupe de persil plat haché
4 cuillerées à soupe d'huile d'olive
Sel et poivre

1. Préchauffez le four à 180 °C (th. 6).

2. Taillez les poivrons en lamelles et hachez l'oignon. Coupez les pommes de terre (non épluchées) en quartiers, taillez les courgettes en demi-rondelles et pressez les gousses d'ail. Mettez le tout dans un grand plat allant au four.

3. Ajoutez les tomates, le thym (ou l'origan), l'huile, du sel et du poivre. Mélangez bien et faites rôtir 1 heure au four, en mélangeant toutes les 15 minutes.

4. Ajoutez les olives, mélangez bien puis répartissez dans des bols ou des assiettes. Parsemez de persil haché et de feta émiettée.

5. Servez chaud, avec du pain croustillant.

BROCHETTES
DE PATATES DOUCES

Pour 4 personnes
Préparation : 10 min
Cuisson : 15 min

800 g de patates douces
2 cuillerées à soupe de jus de citron
4 cuillerées à soupe rases de cassonade blonde
2 cuillerées à soupe d'huile d'olive
Sel et poivre

1. Préchauffez le four à 180 °C (th. 6).

2. Dans un grand plat, mélangez l'huile, le jus de citron, la cassonade, du sel et du poivre. Pelez les patates douces et taillez-les en cubes. Versez-les dans le plat et mélangez bien.

3. Recouvrez la plaque du four de papier cuisson, étalez-y les dés de patates douces et faites rôtir environ 15 minutes au four, en surveillant. Servez tel quel, ou sur des brochettes.

4. Autre méthode : faites précuire les dés de patates douces nature, à la vapeur ou au micro-ondes. Mélangez-les ensuite avec la préparation à base de cassonade puis confectionnez des brochettes. Faites-les griller rapidement au barbecue ou à la poêle.

5. Servez en accompagnement de grillades de viande ou de volaille.

ASTUCE
Vous pouvez ajouter du quatre-épices dans la marinade.

GÂTEAU AUX NOIX
ET AUX COURGETTES

Pour 12 parts
Préparation : 20 min
Cuisson : 1 h

2 courgettes moyennes (500 g)
180 g de cerneaux de noix
4 œufs
300 g de farine avec levure incorporée
1 cuillerée à café rase de quatre-épices
1 noisette de beurre
25 cl d'huile d'arachide
250 g de sucre de canne brut
1 pincée de sel

1. Préchauffez le four à 160 °C (th. 5-6).

2. Cassez les œufs dans un saladier, ajoutez le sucre et fouettez. Versez la moitié de la farine, mélangez, puis versez l'huile. Mélangez bien et ajoutez le reste de farine, les épices et le sel.

3. Réservez 60 g de jolis cerneaux de noix ; hachez grossièrement le reste et versez dans la pâte.

4. Râpez les courgettes non épluchées avec le gros côté de la râpe. Ajoutez-les à la pâte et mélangez.

5. Tapissez le fond d'un moule à manqué (24 cm de diamètre) d'un disque de papier cuisson coupé à mesure et beurrez les parois. Versez-y la pâte, égalisez et décorez avec les cerneaux réservés.

6. Faites cuire 1 heure au four. Contrôlez la cuisson : piquez un cure-dents au centre du gâteau, il doit en ressortir sec. Laissez tiédir, puis démoulez et laissez refroidir sur une grille. Dégustez à température ambiante.

ASTUCE

Essayez de faire deviner l'ingrédient principal à vos convives : bien malin celui qui détectera le goût des courgettes ! En revanche, elles apportent un incroyable moelleux à ce délicieux gâteau.

RECETTES D'AUTOMNE

OIGNONS GRILLÉS
TEX-MEX

Pour 4 personnes
Préparation : 10 min
Cuisson : 15 min

4 gros oignons doux rouges et/ou blancs
1 boîte de tomates concassées (400 g)
1 cuillerée à café rase d'origan séché
3 cuillerées à soupe d'épices à tacos (en sachet)
½ cuillerée à café de cumin en poudre
Piment en poudre
6,5 cuillerées à soupe d'huile d'olive
Sel et poivre

1. Versez 1,5 cuillerée à soupe d'huile dans une casserole, ajoutez la boîte de tomates concassées, le piment, le cumin, l'origan, du sel et du poivre. Laissez mijoter doucement.

2. Mélangez les épices à tacos et le reste d'huile d'olive.

3. Faites chauffer une poêle-gril, à sec.

4. Épluchez les oignons et coupez-les chacun en 4 grosses tranches. Piquez-les avec des cure-dents pour éviter que les anneaux ne se détachent lors de la cuisson. Badigeonnez-les avec l'huile épicée et faites-les griller à feu modéré, sur les 2 faces.

5. Servez les oignons et la salsa en accompagnement de grillades de viande ou de volaille.

ASTUCE
Vous pouvez aussi faire griller les oignons au barbecue.

SOUPE À L'OIGNON
À LA BIÈRE ET CROÛTONS AU FROMAGE

Pour 4 à 6 personnes
Préparation : 15 min
Cuisson : 30 min

6 oignons (750 à 800 g)
½ ficelle ou fine baguette
50 g de gruyère râpé
1 bouquet garni
1 cuillerée à soupe de moutarde
2 cuillerées à soupe de farine (25 g)
25 cl de bière blonde
2 cubes de bouillon dégraissé
1 cuillerée à soupe rase de cassonade blonde
1 cuillerée à soupe de vinaigre
25 g de beurre
Sel et poivre

1. Émincez les oignons et faites-les revenir dans une cocotte avec le beurre fondu. Couvrez et laissez suer 15 minutes sur feu doux, en mélangeant de temps en temps.

2. Saupoudrez de cassonade et faites revenir à feu vif, en mélangeant, jusqu'à ce que les oignons soient bien dorés. Baissez le feu au minimum, saupoudrez de farine et mélangez pendant 1 minute. Versez la bière, grattez bien les sucs dans le fond de la cocotte, puis versez 1 litre d'eau, les cubes de bouillon émiettés, la moutarde et le bouquet garni. Portez à ébullition, couvrez et laissez mijoter 15 minutes à feu doux.

3. Préchauffez le four à 210 °C (th. 7) et sortez-en la plaque. Recouvrez-la de papier cuisson.

4. Placez le pain coupé en tranches sur la plaque. Parsemez de fromage et faites dorer au four.

5. Quand la soupe est prête, retirez le bouquet garni et rectifiez l'assaisonnement.

6. Servez bien chaud, avec les croûtons.

SOUPE DE POMMES DE TERRE ET CÉLERI-RAVE AU CURRY

Pour 4 à 6 personnes • Préparation : 20 min • Cuisson : 25 min

400 g de pommes de terre farineuses (poids net, épluchées) • 400 g de céleri-rave (poids net, épluché) • 1 oignon • 2 gousses d'ail • 1 c. à soupe rase de curry en poudre • 2 cubes de bouillon dégraissé • Crème fraîche (facultatif) • 3 c. à soupe d'huile • Sel et poivre

1. Faites revenir l'oignon haché 5 minutes à feu doux dans une casserole contenant l'huile. Pendant ce temps, taillez les pommes de terre et le céleri-rave en dés.

2. Ajoutez le curry et les gousses d'ail pressées dans la casserole, mélangez 1 minute, puis ajoutez les pommes de terre et le céleri-rave. Versez 1,2 litre d'eau, ajoutez les cubes de bouillon émiettés et portez à ébullition. Laissez mijoter 25 minutes à feu doux.

3. Laissez reposer 5 minutes, puis mixez jusqu'à obtention d'un potage bien lisse. Rectifiez l'assaisonnement et servez bien chaud, éventuellement agrémenté d'un peu de crème.

TABOULÉ
DE CHOU-FLEUR

Pour 4 à 6 personnes • Préparation : 15 min • Réfrigération : 30 min

1 chou-fleur • 200 g de tomates cerises • 120 g de pois chiches cuits (poids net, égouttés) • 1 citron • ½ ou ¼ d'oignon rouge (selon sa grosseur) • ½ botte de persil plat • ½ bouquet de menthe • 6 c. à soupe d'huile d'olive • Sel et poivre

1. Prélevez une partie de l'extérieur du chou-fleur et hachez-le au couteau, de manière à obtenir des miettes : il vous en faut 300 à 350 g.

2. Mettez-les dans un saladier et ajoutez le jus du citron, l'huile d'olive, l'oignon rouge émincé, les herbes finement hachées, les pois chiches soigneusement rincés à l'eau froide et les tomates cerises coupées en deux. Salez et mélangez bien.

3. Couvrez et laissez reposer au moins 30 minutes au réfrigérateur avant de servir.

4. Ce taboulé est délicieux en accompagnement d'un barbecue, de grillades, etc., ou avec du thon à l'huile.

ASTUCE

Ne jetez pas le reste du chou-fleur. Faites-en un gratin, une quiche, une soupe, une purée...

TORTILLA AU CHOU-FLEUR
ET AUX CREVETTES

Pour 3 à 6 personnes
Préparation : 10 min
Cuisson : 15 min

6 gros œufs
150 g de crevettes roses
½ chou-fleur
2 gousses d'ail
2 cuillerées à soupe de ciboulette hachée
Piment en poudre
2 cuillerées à soupe d'huile d'olive
Sel et poivre

1. Détaillez le chou-fleur en bouquets et plongez-les dans une casserole d'eau bouillante salée. Comptez 5 minutes de cuisson à partir de la reprise de l'ébullition. Égouttez et rincez à l'eau froide. Épongez avec du papier absorbant.

2. Faites revenir les gousses d'ail pressées 2 minutes à feu très doux dans une poêle antiadhésive de taille moyenne (24 cm) contenant l'huile.

3. Pendant ce temps, battez les œufs en omelette avec la ciboulette, du sel et du poivre.

4. Ajoutez le chou-fleur dans la poêle, mélangez 1 minute, puis ajoutez les crevettes et le piment. Mélangez et versez les œufs par-dessus. Faites prendre le dessous quelques minutes à feu vif. Posez un grand couvercle sur la tortilla, maintenez-le fermement et retournez le tout. Faites glisser la tortilla du couvercle dans la poêle et faites prendre encore quelques minutes.

5. Dégustez chaud, avec de la sauce tomate ou une salade. C'est également très bon froid, dans un sandwich.

GALETTES DE POMMES DE TERRE
AUX CHAMPIGNONS

Pour 4 personnes
Préparation : 25 min
Réfrigération : 30 min
Cuisson : 30 min

500 g de pommes de terre farineuses (poids net, épluchées)
250 g de champignons de Paris
1 gousse d'ail
1 œuf
2 cuillerées à soupe de ciboulette hachée
Farine
1 bonne noix de beurre
1 cuillerée à soupe d'huile
Sel et poivre

1. Coupez les pommes de terre en morceaux et faites-les cuire à l'eau : comptez 20 minutes à partir de l'ébullition.

2. Pendant ce temps, hachez les champignons et faites-les revenir avec l'ail pressé dans une poêle contenant l'huile, jusqu'à évaporation de toute l'eau rendue.

3. Écrasez les pommes de terre en purée et laissez refroidir un peu. Ajoutez les champignons, l'œuf, la ciboulette, du sel et du poivre ; mélangez bien.

4. Tassez la préparation, divisez-la en huit et formez des galettes en vous mouillant légèrement les mains à chaque fois. Farinez-les légèrement et laissez-les reposer au moins 30 minutes sur un plateau, au réfrigérateur.

5. Faites dorer les galettes sur les deux faces, à feu modéré, dans une grande poêle contenant le beurre chaud.

6. Servez chaud, en accompagnement.

SALADE DE CHAMPIGNONS AU WASABI

Pour 4 à 6 personnes • Préparation : 10 min

500 g de champignons de Paris • 1 pot de yaourt nature bulgare (125 g) • 2 c. à soupe de ciboulette hachée • 80 g de mayonnaise au citron • 1 à 2 c. à soupe rases de wasabi • Sel et poivre

1. Mélangez le yaourt, la mayonnaise, le wasabi et la ciboulette. Salez et poivrez.

2. Brossez les champignons, mais ne les lavez pas. Taillez-les en lamelles, pas trop fines. Ajoutez-les à la sauce, mélangez et rectifiez l'assaisonnement.

3. Servez sans trop attendre, en accompagnement de grillades de poisson ou de bœuf, ou lors d'un buffet froid.

ASTUCE

Si vous n'avez pas l'habitude du wasabi, ajoutez-le progressivement à la sauce pour ne pas vous faire surprendre !

CÉLERI RÉMOULADE

Pour 4 personnes • Préparation : 15 min

500 g de céleri-rave (poids net épluché) • 1 yaourt nature bulgare (125 g) • 4 à 6 petits cornichons • 1 c. à soupe de câpres • ½ citron (facultatif) • 2 c. à soupe d'estragon haché • 1 c. à soupe de persil haché • 2 bonnes c. à soupe de mayonnaise • 1 c. à soupe de moutarde • Sel et poivre

1. Préparez la sauce en mélangeant le yaourt, la mayonnaise, la moutarde, les herbes, les cornichons hachés, les câpres, du sel et du poivre.

2. Râpez le céleri avec le gros côté de la râpe, ajoutez la sauce, mélangez et servez en entrée, avec d'autres crudités, ou bien en accompagnement d'une assiette de charcuterie ou d'un plat froid.

TORTILLA DE POMMES DE TERRE
AUX OIGNONS

Pour 3 à 6 personnes
Préparation : 10 min
Cuisson : 15 min

6 gros œufs
1 kg de pommes de terre à frites (poids net, épluchées)
1 gros oignon
1 cuillerée à soupe d'huile d'olive
1 bain de friture
Sel

1. Taillez les pommes de terre épluchées en dés. Faites-les tremper 30 minutes dans l'eau froide.

2. Faites chauffer la friteuse sur 150 °C à 160 °C. Épongez bien les pommes de terre, versez-les dans le panier et ajoutez l'oignon émincé en rondelles. Faites frire le tout 10 minutes environ. Vous ne devez pas obtenir des frites croustillantes : les pommes de terre doivent être légèrement dorées et moelleuses.

3. Dans un saladier, battez les œufs en omelette avec 2 cuillerées à soupe d'eau. Salez généreusement et ajoutez les pommes de terre bien égouttées.

4. Faites chauffer l'huile d'olive dans une poêle antiadhésive de taille moyenne (24 cm). Versez la préparation et faites prendre le dessous quelques minutes à feu vif. Couvrez, maintenez le tout et retournez. Faites glisser la tortilla du couvercle dans la poêle et faites prendre le dessous.

5. Dégustez chaud, avec une salade. C'est également très bon froid, dans un sandwich.

DÉS DE CÉLERI-RAVE
AU MIEL

Pour 3 à 4 personnes • Préparation : 10 min • Cuisson : 30 min

600 g de céleri-rave (poids net épluché) • 1 c. à soupe de miel • 1 c. à soupe de vinaigre de vin • 1 noix de beurre • 1 c. à soupe d'huile d'olive • Sel et poivre

1. Taillez le céleri-rave en dés et faites-les revenir à feu vif dans une sauteuse contenant l'huile et le beurre chauds. Baissez le feu, couvrez et laissez suer 25 minutes à feu très doux, en mélangeant de temps en temps.

2. Ajoutez le vinaigre, laissez évaporer, puis versez le miel. Faites revenir à feu vif, jusqu'à ce que tout soit bien doré. Rectifiez l'assaisonnement.

3. Servez en accompagnement d'une viande ou d'une volaille.

ASTUCE

Vous pouvez aussi ajouter des aromates au choix en fin de cuisson : cumin, ras-el-hanout, piment, romarin…

CHOU-FLEUR
À L'ANDALOUSE

Pour 4 personnes • Préparation : 10 min • Cuisson : 10 min

1 chou-fleur pas trop gros • 3 gousses d'ail • 1 citron • 1 feuille de laurier • Persil plat haché • 2 c. à café de cumin en poudre • 6 cl d'huile d'olive • Sel et poivre

1. Séparez le chou-fleur en petits bouquets, mettez-les dans une casserole, couvrez d'eau froide, ajoutez le laurier et du sel. Portez à ébullition et comptez alors 5 minutes de cuisson. Égouttez.

2. Faites revenir les gousses d'ail pressées 2 minutes à feu très doux dans la même casserole. Ajoutez le cumin, mélangez, puis ajoutez le chou-fleur. Faites revenir 5 minutes en mélangeant sans arrêt. Rectifiez l'assaisonnement et ajoutez du persil.

3. Servez bien chaud, avec du jus de citron.

4. Ce chou-fleur est parfait pour accompagner du poisson ou des viandes grillées.

QUICHE AU CHOU-FLEUR,
LARDONS ET FROMAGE

Pour 3 à 4 personnes
Préparation : 20 min
Cuisson : 30 min

200 g de lardons fumés
4 œufs
1 pâte brisée
1 petit chou-fleur (ou ½)
60 g d'emmental râpé
1 feuille de laurier
10 cl de lait
25 cl de crème fraîche allégée
Sel et poivre

1. Séparez le chou-fleur en petits bouquets, mettez-les dans une casserole, couvrez d'eau froide, ajoutez le laurier et du sel. Portez à ébullition et comptez alors 5 minutes de cuisson. Égouttez et rincez à l'eau froide.

2. Préchauffez le four à 180 °C (th. 6).

3. Faites rissoler les lardons sans matière grasse, en débutant la cuisson à feu doux.

4. Mélangez les œufs, le lait, la crème et le fromage. Salez et poivrez (attention, les lardons et le fromage sont déjà salés).

5. Foncez un grand moule à tarte avec la pâte brisée. Répartissez-y le chou-fleur et les lardons bien égouttés, puis versez la crème aux œufs par-dessus.

6. Faites cuire 30 minutes au four.

7. Servez chaud, avec une salade.

ASTUCE
Cette quiche est également très bonne froide, pour un pique-nique ou un buffet.

TOURTES FEUILLETÉES
AUX CHAMPIGNONS DES BOIS

Pour 4 personnes
Préparation : 20 min
Cuisson : 15 min

300 à 400 g de champignons des bois (mélange au choix)
4 carrés de pâte feuilletée
1 belle échalote
2 cuillerées à soupe de cerneaux de noix hachés
2 cuillerées à soupe de persil haché
1 œuf
15 cl de crème fraîche
2 cuillerées à soupe d'huile d'olive
Sel et poivre

1. Préchauffez le four à 180 °C (th. 6).

2. Faites légèrement griller les noix à sec, dans une poêle anti-adhésive.

3. Nettoyez les champignons en les frottant avec un linge (ne les faites surtout pas tremper dans l'eau). Coupez-les en morceaux et mettez-les avec l'échalote hachée dans une poêle contenant l'huile. Faites revenir 5 minutes à feu modéré.

4. Hors du feu, ajoutez la crème, les noix et le persil ; rectifiez l'assaisonnement. Répartissez dans 4 petits plats. Mouillez les bords avec de l'eau et posez les carrés de pâte feuilletée par-dessus. Appuyez sur les bords et recoupez l'excédent. Badigeonnez la pâte d'œuf battu.

5. Faites dorer 15 minutes au four.

6. Servez chaud, en entrée, avec une salade.

PURÉE AU CÉLERI-RAVE
ET AUX RAISINS SECS

Pour 4 personnes • Préparation : 15 min • Cuisson : 25 min

500 g de céleri-rave (poids net épluché) • 500 g de pommes de terre farineuses (poids net épluché) • 100 g de raisins secs • 1 pincée de quatre-épices ou de noix de muscade • 15 cl de crème fraîche • Sel et poivre

1. Mettez les raisins secs dans un bol, couvrez d'eau chaude et laissez gonfler.

2. Coupez les pommes de terre en gros morceaux et le céleri-rave en petits dés. Versez-les dans une casserole, couvrez d'eau froide et portez à ébullition. Couvrez et comptez alors 25 minutes de cuisson.

3. Égouttez soigneusement les légumes, remettez-les dans la casserole, hors du feu. Ajoutez la crème et écrasez au presse-purée. Ajoutez du sel, du poivre et du quatre-épices. Pour finir, ajoutez les raisins secs égouttés et mélangez bien.

4. Servez en accompagnement d'une viande ou d'une volaille.

CHAMPIGNONS FARCIS
À LA FETA

Pour 4 personnes • Préparation : 10 min • Cuisson : 20 min

4 gros champignons à farcir • 200 g de feta • 2 c. à soupe rases de chapelure • 2 c. à soupe de persil haché • 3 c. à soupe d'huile d'olive • Poivre

1. Préchauffez le four à 180 °C (th. 6).

2. Huilez légèrement un plat à four et déposez-y les champignons. Mélangez la chapelure et le persil. Répartissez ce mélange dans les champignons.

3. Hachez grossièrement la feta et remplissez-en les champignons. Poivrez et arrosez d'un filet d'huile d'olive.

4. Faites dorer 20 minutes au four.

5. Servez chaud, en entrée, avec une salade.

PIZZA
AU POTIMARRON

Pour 2 personnes
Préparation : 15 min
Cuisson : 20 min

1 pâte à pizza (375 g)
400 g de potimarron (poids net épluché)
1 boule de mozzarella (125 g)
15 tomates cerises
Quelques olives noires dénoyautées
1 cuillerée à soupe rase d'herbes de Provence
2 cuillerées à soupe d'huile d'olive
Sel et poivre

1. Taillez le potimarron en dés. Mettez-les dans un plat en laissant le centre libre, couvrez et faites cuire 10 minutes au micro-ondes (à 900 watts), en mélangeant à mi-cuisson. Laissez égoutter dans une passoire.

2. Préchauffez le four à 210 °C (th. 7) et sortez-en la grille.

3. Placez la pâte à pizza sur la grille recouverte de papier cuisson. Étalez-la en poussant du bout des doigts, du centre vers l'extérieur.

4. Écrasez le potimarron à la fourchette avec l'huile d'olive, du sel et du poivre. Étalez-le sur la pâte, en laissant les bords libres. Parsemez de mozzarella en dés et de tomates cerises coupées en deux. Parsemez d'herbes de Provence et ajoutez les olives.

5. Faites cuire 10 minutes au four.

6. Servez chaud, avec une salade.

GRATIN DE POMMES DE TERRE
AUX CHAMPIGNONS DES BOIS

Pour 4 à 6 personnes
Préparation : 30 min
Cuisson : 20 min

700 g de pommes de terre à chair ferme (poids net, épluchées)
300 g de champignons des bois mélangés, au choix
35 cl de lait
2 gousses d'ail
6 feuilles de sauge
100 g de parmesan fraîchement râpé
10 cl de crème fraîche allégée
2 cuillerées à soupe d'huile d'olive
Sel et poivre

1. Mettez le lait, la crème, du sel et les gousses d'ail pressées dans une cocotte. Ajoutez les pommes de terre coupées en rondelles de 3 mm, couvrez et portez doucement à ébullition. Laissez mijoter 20 minutes sur feu très doux.

2. Nettoyez les champignons en les frottant avec un linge (ne les faites surtout pas tremper dans l'eau). Coupez-les en morceaux et faites-les revenir 5 minutes dans une poêle avec l'huile.

3. Préchauffez le four à 180 °C (th. 6).

4. Égouttez les pommes de terre cuites avec une écumoire et mélangez-les aux champignons. Conservez le lait dans la cocotte. Remettez-la sur le feu, ajoutez 50 g de parmesan et la sauge ciselée. Faites chauffer doucement, jusqu'à ce que le fromage soit fondu. Versez sur les pommes de terre. Salez, poivrez et répartissez dans un plat allant au four.

5. Recouvrez le plat de parmesan et faites dorer 20 minutes au four. Servez en accompagnement de viandes, poissons ou volailles.

PURÉE DORÉE
AUX OIGNONS

Pour 4 personnes
Préparation : 35 min
Cuisson : 15 min

800 g de pommes de terre farineuses (poids net, épluchées)
2 gros oignons
100 g de chapelure
2 cuillerées à soupe de persil haché
Muscade
10 cl de lait
10 cl de crème fraîche
40 g de beurre
Sel et poivre

1. Faites cuire les pommes de terre coupées en cubes environ 20 minutes à l'eau bouillante salée.

2. Pendant ce temps, émincez les oignons et faites-les revenir à feu doux dans une grande poêle contenant le beurre fondu. Couvrez et faites suer 15 minutes à feu doux.

3. Préchauffez le four à 180 °C (th. 6).

4. Quand les pommes de terre sont cuites, égouttez-les et remettez-les dans la casserole, hors du feu. Ajoutez la crème et le lait, puis écrasez en purée. Assaisonnez, sans oublier la muscade. Répartissez dans 4 plats à four individuels ou étalez dans un grand plat.

5. Parsemez les oignons de chapelure et de persil. Faites revenir 1 minute à feu vif, puis répartissez ce mélange sur la purée. Faites dorer 15 minutes au four.

6. Servez en accompagnement d'une viande, d'une volaille ou d'un poisson.

PETITS GRATINS D'OIGNONS À LA SAUGE

Pour 4 personnes • Préparation : 15 min • Cuisson : 35 min

1 kg d'oignons • 10 cl de lait concentré non sucré ou de crème fraîche • 1 œuf • 4 cuillerées à soupe de parmesan fraîchement râpé • 1 dizaine de feuilles de sauge • 3 cuillerées à soupe d'huile d'olive • Sel et poivre

1. Émincez grossièrement les oignons. Faites-les revenir 2 minutes à feu doux dans une grande sauteuse contenant l'huile. Couvrez et laissez suer 20 minutes sur feu doux, en mélangeant de temps en temps.

2. Préchauffez le four à 180 °C (th. 6).

3. Ajoutez les feuilles de sauge hachées sur les oignons et faites revenir à feu vif, en mélangeant sans arrêt, jusqu'à coloration. Hors du feu, ajoutez l'œuf préalablement battu avec le lait. Rectifiez l'assaisonnement.

4. Répartissez la préparation dans 4 ramequins, parsemez de parmesan et faites dorer 15 minutes au four.

5. Servez chaud, en accompagnement de viandes rouges rôties ou grillées (steak, côtes d'agneau, rosbif...).

MINI-PENNE AU CHOU-FLEUR

Pour 4 personnes • Préparation : 10 min • Cuisson : 20 min

350 g de mini-penne • 1 petit chou-fleur • 1 oignon • 1 brique de coulis de tomates (500 g) • 50 g de pignons de pin grillés • 1 cuillerée à café de graines de fenouil • Persil plat haché • ½ capsule de safran • 3 cuillerées à soupe d'huile d'olive • Sel et poivre

1. Faites revenir l'oignon haché 5 minutes à feu doux dans une cocotte contenant l'huile. Ajoutez les graines de fenouil, mélangez 30 secondes, puis versez le coulis de tomates et le safran. Laissez mijoter doucement.

2. Pendant ce temps, portez 2 casseroles d'eau salée à ébullition : la première pour y cuire les pâtes *al dente* (voir le temps de cuisson sur l'emballage) et la seconde pour le chou-fleur. Détaillez celui-ci en tout petits bouquets (de façon à obtenir 400 g nets) et faites-les cuire 5 minutes à l'eau bouillante. Égouttez-les et ajoutez-les dans la sauce tomate. Rectifiez l'assaisonnement et ajoutez du persil plat haché.

3. Servez les penne égouttées avec la sauce au chou-fleur et parsemés de pignons de pin.

ASTUCE

Pour griller les pignons de pin, utilisez une poêle anti-adhésive sans matière grasse et faites-les dorer à feu modéré.

TARTE FINE AUX OIGNONS
ET AUX TOMATES RÔTIES

Pour 2 personnes
Préparation : 25 min
Cuisson : 15 min

1 pâte brisée
4 tomates San Marzano (400 g)
1 petite boîte de filets d'anchois à l'huile (facultatif)
2 oignons
2 brins de romarin
2 cuillerées à soupe de moutarde
4 cuillerées à soupe d'huile d'olive
Sel et poivre

1. Préchauffez le four à 180 °C (th. 6).

2. Taillez les tomates en rondelles épaisses, mélangez-les à 2 cuillerées à soupe d'huile et disposez-les sur la plaque du four recouverte de papier cuisson. Faites-les rôtir 15 minutes.

3. Pendant ce temps, émincez les oignons et faites-les revenir dans une poêle contenant 2 cuillerées à soupe d'huile d'olive. Ajoutez 1 brin de romarin effeuillé, couvrez et laissez suer 10 minutes.

4. Déroulez la pâte en la laissant sur son papier de cuisson. Étalez-y la moutarde et recouvrez avec les oignons.

5. Épongez les tomates sur du papier absorbant et disposez-les sur les oignons. Parsemez éventuellement de filets d'anchois. Parsemez de romarin et faites glisser le tout (tarte + papier) sur la grille du four. Faites cuire 15 minutes au four.

6. Servez chaud ou froid, avec une salade.

ASTUCE

Si vous ajoutez des anchois, ne salez pas les oignons et les tomates ; contentez-vous de les poivrer.

TOMATES FARCIES
AU CHÈVRE

Pour 4 personnes
Préparation : 15 min
Cuisson : 15 min

4 crottins de Chavignol
4 tomates
1 gousse d'ail
1 cuillerée à soupe de ciboulette hachée
½ cuillerée à soupe de romarin frais haché
2 cuillerées à soupe de chapelure
1 cuillerée à soupe d'huile d'olive
Sel et poivre

1. Coupez les tomates en deux horizontalement et évidez-les dans un bol. Salez l'intérieur et retournez-les sur une grille à pâtisserie ou sur une double épaisseur de papier absorbant ; laissez dégorger.

2. Préchauffez le four à 180 °C (th. 6).

3. Coupez les crottins en petits dés et mettez-les dans un petit saladier. Écrasez-les à la fourchette avec tout ou une partie de l'intérieur des tomates, jusqu'à obtention d'un mélange souple, sans être coulant. Ajoutez la gousse d'ail pressée et les herbes ; rectifiez l'assaisonnement.

4. Huilez un plat à four. Épongez soigneusement l'intérieur des demi-tomates avec du papier absorbant et déposez-les dans le plat. Farcissez-les avec la préparation au chèvre, puis saupoudrez-les d'un peu de chapelure.

5. Faites dorer 15 minutes au four.

6. Servez chaud, en entrée, avec une salade.

RISOTTO AUX CHAMPIGNONS
DES BOIS ET AU ROQUEFORT

Pour 4 personnes
Préparation : 10 min
Cuisson : 20 min

300 g de champignons des bois mélangés
250 g de riz arborio
100 g de roquefort
1 oignon
1 gousse d'ail
2 cuillerées à soupe de persil haché
1 cube de bouillon dégraissé
15 cl de vin blanc sec
1 noix de beurre
3 cuillerées à soupe d'huile d'olive
Sel et poivre

1. Faites revenir l'oignon haché 2 minutes à feu doux dans une cocotte contenant 2 cuillerées à soupe d'huile. Ajoutez ensuite le riz, mélangez 2 minutes, puis versez le vin blanc. Ajoutez 60 cl d'eau et le cube de bouillon émietté. Couvrez et laissez mijoter 20 minutes à feu très doux.

2. Pendant ce temps, nettoyez les champignons au pinceau (ne les lavez surtout pas à l'eau !), coupez les plus gros en morceaux et faites-les sauter dans une grande poêle, avec 1 cuillerée à soupe d'huile. Ajoutez la gousse d'ail pressée et laissez évaporer tout le liquide. Salez et poivrez légèrement, ajoutez le persil et retirez du feu.

3. Quand le riz est cuit, ajoutez-lui le beurre et la moitié du roquefort. Mélangez, couvrez et laissez reposer 2 minutes.

4. Rectifiez l'assaisonnement (attention, le roquefort est déjà bien salé !) et servez aussitôt, en répartissant les champignons et le reste du roquefort émietté par-dessus.

ASTUCE

Vous pouvez parsemer votre risotto de quelques cerneaux de noix hachés et grillés.

TOMATES FARCIES
AUX CHAMPIGNONS

Pour 8 pièces
Préparation : 20 min
Cuisson : 15 min

4 belles tomates
250 g de champignons de Paris
150 g de champignons des bois
100 g de fromage frais
2 échalotes
1 gousse d'ail
2 cuillerées à soupe de ciboulette hachée
1 œuf
1 tranche de pain rassis
2 cuillerées à soupe de vin blanc
2 cuillerées à soupe d'huile d'olive
Sel et poivre

1. Coupez les tomates en deux horizontalement, épépinez-les, salez l'intérieur et retournez-les sur une grille.

2. Préchauffez le four à 180 °C (th. 6).

3. Nettoyez tous les champignons, sans les mouiller : brossez-les et essuyez-les. Hachez-les puis mettez-les dans une grande poêle contenant l'huile d'olive. Ajoutez les échalotes hachées et la gousse d'ail pressée. Faites revenir à feu vif, jusqu'à ce que l'ensemble soit doré.

4. Arrosez avec le vin blanc, mélangez, puis ajoutez le fromage et le pain coupés en dés. Laissez mijoter 2 minutes. Retirez du feu et ajoutez la ciboulette.

5. Séchez le fond des tomates avec du papier absorbant.

6. Ajoutez l'œuf battu dans la préparation aux champignons. Salez, poivrez. Farcissez-en les tomates et déposez-les au fur et à mesure dans un plat allant au four. Faites cuire 15 minutes. Servez bien chaud.

GÂTEAU AU POTIMARRON
ET À LA NOIX DE COCO

Pour 8 personnes
Préparation : 30 min
Cuisson : 45 min

400 g de chair de potimarron (poids net, épluché)
50 g de noix de coco râpée
2 œufs à température ambiante
200 g de farine avec levure incorporée
15 cl de lait
150 g de sucre semoule
150 g de beurre mou
1 pincée de sel

Glaçage (facultatif) :
150 g de chocolat à pâtisser haché
50 g de sucre glace
6 cl de crème fraîche

1. Coupez le potimarron en petits dés, mettez-les dans un plat, couvrez et faites cuire au micro-ondes, 10 minutes à 800 watts, en mélangeant à mi-cuisson. Laissez égoutter et refroidir.

2. Préchauffez le four à 160 °C (th. 5-6).

3. Fouettez le beurre mou et le sucre, puis ajoutez les œufs et la farine. Fouettez, puis ajoutez la noix de coco, le lait et le sel ; fouettez à nouveau. Incorporez le potimarron.

4. Versez dans un moule à manqué dont vous aurez beurré les bords et tapissé le fond d'un disque de papier cuisson. Faites cuire 35 minutes. Laissez reposer 10 minutes, démoulez et laissez refroidir.

5. Portez la crème à ébullition, retirez du feu, ajoutez le chocolat et laissez reposer 1 minute. Fouettez et étalez sur le gâteau. Laissez prendre au frais.

6. Versez 1 cuillerée à soupe d'eau dans un bol et ajoutez en fouettant le sucre glace. Versez dans une poche à douille et décorez le gâteau. Laissez reposer 30 minutes avant de servir.

TARTELETTES AU POTIMARRON
ET AU GINGEMBRE

Pour 6 pièces
Préparation : 15 min
Cuisson : 30 min

1 rouleau de pâte sablée
300 g de potimarron (poids net, épluché)
2 œufs
1 petit morceau de gingembre frais
Gingembre confit (facultatif)
75 g de cassonade blonde
12 cl de crème fraîche
1 noix de beurre

1. Coupez le potimarron en dés, mettez-les dans un plat, ajoutez 4 cuillerées à soupe d'eau et faites cuire au micro-ondes, 6 minutes à 800 watts, en mélangeant à mi-cuisson.

2. Préchauffez le four à 180 °C (th. 6).

3. Beurrez 6 petits moules à tartelettes, garnissez-les de 6 ronds de pâte sablée, recouvrez d'un carré de papier cuisson et ajoutez des haricots secs ou des billes de cuisson. Faites cuire 10 minutes au four.

4. Mixez le potimarron cuit avec la crème fraîche, puis ajoutez la cassonade, le gingembre râpé et les œufs ; mélangez bien.

5. Retirez les papiers et les haricots. Garnissez les fonds avec la crème au potimarron. Faites cuire 20 minutes au four. Laissez tiédir puis démoulez les tartelettes sur une grille ; laissez refroidir.

6. Dégustez à température ambiante, éventuellement décoré de lamelles de gingembre confit et accompagné de crème fouettée.

ASTUCE

La pâte sablée a tendance à se rétracter pendant la cuisson. Garnissez les 6 moules avec des ronds de pâte plus grands !

BROWNIES AU POTIMARRON
ET AUX NOIX

Pour 24 pièces
Préparation : 20 min
Cuisson : 25 min

300 g de potimarron (poids net, épluché)
250 g de chocolat à pâtisser haché
50 g de cerneaux de noix
5 œufs
75 g de farine avec levure incorporée
150 g de sucre semoule
200 g de beurre
1 pincée de sel

1. Préchauffez le four à 150 °C (th. 5).

2. Coupez le potimarron en petits dés et faites-les revenir dans une poêle avec une noix de beurre. Couvrez et laissez cuire à feu très doux.

3. Faites fondre le beurre coupé en dés dans une casserole sur feu très doux et ajoutez le chocolat. Laissez fondre doucement puis retirez du feu. Laissez reposer 2 minutes, puis fouettez : l'ensemble doit être lisse.

4. Incorporez la farine, le sel et le sucre dans le chocolat, mélangez, puis ajoutez les œufs un à un, en mélangeant bien. Ajoutez les noix grossièrement hachées et les dés de potimarron.

5. Tapissez de papier cuisson un grand moule rectangulaire (23 x 33 cm), versez-y la pâte et faites cuire 25 minutes au four.

6. Laissez refroidir complètement dans le moule (si possible jusqu'au lendemain). Démoulez et découpez en carrés.

RECETTES D'HIVER

CAROTTES ET PANAIS RÔTIS À LA MAROCAINE

Pour 4 personnes
Préparation : 20 min
Cuisson : 15 min

400 g de carottes (poids net épluchées)
400 g de panais (poids net épluchés)
½ botte de coriandre
2 cuillerées à café rases de ras-el-hanout
4 cuillerées à soupe d'huile d'olive
Sel et poivre

1. Préchauffez le four à 180 °C (th. 6) et portez une casserole d'eau salée à ébullition.

2. Coupez les carottes en deux dans la longueur, puis chaque moitié en deux dans la longueur également. Coupez les panais en deux dans la longueur. Recoupez les pointes en deux dans le même sens et la partie du haut en quatre.

3. Plongez les bâtonnets de légumes dans l'eau bouillante et comptez 5 minutes de cuisson à la reprise de l'ébullition. Égouttez-les, rincez-les à l'eau froide et versez-les dans un grand plat allant au four.

4. Mélangez l'huile, le ras-el-hanout, un peu de sel et du poivre dans un petit bol ; versez sur les légumes et mélangez soigneusement. Faites rôtir 15 minutes au four.

5. Parsemez de coriandre fraîche hachée, mélangez et servez sans attendre, en accompagnement d'une viande blanche, d'une volaille, d'agneau ou de merguez grillés.

ASTUCE

Vous pouvez remplacer le ras-el-hanout par du curry.
Simplement rôti avec du sel et du poivre, puis parsemé de persil, ce duo de légumes fera un excellent accompagnement pour les plats de gibier.

PETITS LÉGUMES
À LA LAITUE

Pour 4 personnes • Préparation : 15 min • Cuisson : 10 min

1 laitue • 4 carottes (400 g) • 300 g de petits pois surgelés • 1 oignon • 2 cubes de bouillon dégraissé • 2 c. à soupe d'huile d'olive • Persil haché

1. Faites revenir l'oignon haché 5 minutes dans une cocotte contenant l'huile.

2. Épluchez les carottes et taillez-les en rondelles bien fines. Émincez la laitue et lavez-la soigneusement.

3. Ajoutez-les dans la cocotte et versez 50 cl d'eau. Ajoutez les cubes de bouillon émiettés et portez à ébullition.

4. Laissez mijoter 10 minutes à découvert.

5. Servez bien chaud, avec une écumoire, de manière à égoutter un peu les légumes.

POTIRON CARAMÉLISÉ
AU SIROP D'ÉRABLE ET AUX ÉPICES

Pour 4 personnes • Préparation : 10 min • Cuisson : 25 min

600 g de potiron (poids net épluché) • 4 c. à soupe de sirop d'érable • ½ c. à café de cumin en poudre • 1 pincée de piment en poudre • 2 c. à soupe d'huile d'olive • Sel

1. Préchauffez le four à 180 °C (th. 6).

2. Mélangez l'huile, le sirop d'érable, les épices et un peu de sel dans un plat

3. Taillez le potiron en dés, mettez-les dans le plat et mélangez soigneusement. Répartissez-les sur la plaque du four recouverte de papier cuisson et faites cuire au four 25 minutes environ, jusqu'à ce qu'ils soient tendres et caramélisés.

4. Servez en accompagnement de viandes, de gibier ou de volailles.

ASTUCE

Pour une présentation originale, après 10 minutes de cuisson, enfilez les dés de potiron sur des piques à brochettes (préalablement trempés pendant 1 heure dans de l'eau froide) et poursuivez la cuisson.

FLAMMEKUECHE
AU POTIRON

Pour 2 à 4 personnes
Préparation : 10 min
Cuisson : 18 min

1 grande pâte à pizza (375 g)
250 g de potiron
(poids net épluché)
250 à 300 g de fromage blanc
150 g de lardons fumés
1 gros oignon
Muscade
Sel et poivre

1. Préchauffez le four à 210 °C (th. 7) et sortez-en la grille.

2. Taillez le potiron en petits dés, mettez-les dans un plat, couvrez et faites cuire au micro-ondes, 6 minutes à 800 watts, en mélangeant à mi-cuisson.

3. Pendant ce temps, découpez un morceau de papier cuisson de la grandeur de la grille du four. Déposez-y la pâte à pizza. Étirez-la en poussant avec vos doigts, en partant du centre vers les bords, jusqu'à ce qu'elle recouvre presque tout le papier.

4. Tartinez généreusement la pâte avec le fromage, salez légèrement, puis parsemez l'oignon émincé et les lardons. Ajoutez les dés de potiron, poivrez et saupoudrez de muscade.

5. Faites glisser la flammekueche avec son papier sur la grille et enfournez. Faites dorer environ 12 minutes.

6. Servez bien chaud, avec une salade.

ASTUCE
Vous pouvez remplacer le fromage blanc par du Chavroux® : dans ce cas, inutile de saler.

QUICHE À LA LAITUE
ET AU CHÈVRE

Pour 3 à 6 personnes • Préparation : 15 min • Cuisson : 40 min

1 pâte brisée • 2 laitues • 1 bûche de chèvre frais (120 g) • 3 œufs • 25 cl de crème fraîche allégée • 1 c. à soupe d'huile d'olive • Sel et poivre

1. Émincez les laitues et lavez-les soigneusement. Placez-les dans une grande sauteuse (ou un wok) avec l'huile. Faites revenir à feu vif, jusqu'à évaporation de tout le liquide. Versez dans une passoire et laissez égoutter.

2. Préchauffez le four à 180 °C (th. 6).

3. Foncez un grand moule à tarte avec la pâte brisée.

4. Battez les œufs avec la crème, du sel et du poivre. Ajoutez la laitue bien essorée, mélangez et versez dans le fond de tarte. Parsemez le chèvre émietté et faites cuire 30 minutes au four.

5. Servez chaud, en entrée ou comme plat, accompagné d'une salade de tomates. Cette quiche est également très bonne froide.

CASSOLETTES D'ENDIVES
À LA BRABANÇONNE

Pour 2 personnes • Préparation : 15 min • Cuisson : 8 à 10 min

150 g de lardons fumés • 4 œufs • 2 grosses endives • 2 gros oignons • 25 cl de bière blonde (type pils) • 4 c. à soupe de crème épaisse • 1 c. à soupe d'huile • Sel et poivre

1. Émincez les oignons et les endives. Mettez-les dans 2 cassolettes pouvant aller sur le feu ou dans une grande poêle. Ajoutez les lardons et l'huile ; faites revenir 5 minutes à feu vif, en mélangeant.

2. Versez la bière, faites réduire des deux tiers à feu vif, puis ajoutez la crème. Laissez mijoter 2 minutes, rectifiez l'assaisonnement et creusez des « nids ». Cassez les œufs un par un dans une tasse et versez-les au fur et à mesure dans les creux. Couvrez et laissez prendre 8 à 10 minutes sur feu très doux, jusqu'à ce que les blancs soient coagulés.

3. Servez aussitôt, avec du pain.

QUICHE AUX ENDIVES
ET AU CHAUMES®

Pour 3 à 6 personnes
Préparation : 25 min
Cuisson : 30 min

1 pâte brisée
100 g de dés de jambon cuit
500 g d'endives
1 Chaumes® bien froid (250 g)
3 œufs
25 cl de crème fraîche allégée
1 cuillerée à soupe d'huile d'olive
Poivre

1. Préchauffez le four à 180 °C (th. 6).

2. Émincez les endives et faites-les revenir une quinzaine de minutes à feu modéré, dans une grande poêle contenant l'huile, en mélangeant souvent, jusqu'à évaporation de toute l'eau qu'elles auront rendue.

3. Foncez un grand moule à tarte avec la pâte brisée.

4. Battez les œufs en omelette dans un saladier, avec la crème. Poivrez. Taillez le Chaumes® en petits dés et ajoutez-le dans le saladier, ainsi que les dés de jambon.

5. Versez les endives cuites dans une passoire. Ajoutez-les dans le saladier, mélangez bien et versez le tout dans le fond de tarte. Égalisez un peu et faites cuire 30 minutes au four.

6. Servez chaud, avec une salade, en entrée ou comme petit plat.

PURÉE AUX CHOUX DE BRUXELLES

Pour 4 personnes
Préparation : 15 min
Cuisson : 20 min

600 g de pommes de terre farineuses (poids net, épluchées)
400 g de choux de Bruxelles
150 g de lardons fumés
1 oignon (pas trop gros)
Muscade râpée
10 cl de crème fraîche
1 petite noix de beurre
Sel et poivre

1. Coupez les pommes de terre en gros cubes et nettoyez les choux de Bruxelles. Mettez le tout dans une casserole, couvrez d'eau froide et portez à ébullition. Comptez alors 20 minutes de cuisson environ.

2. Pendant ce temps, faites revenir l'oignon haché et les lardons, à feu doux, dans une poêle contenant le beurre fondu.

3. Quand les pommes de terre et les choux sont cuits, égouttez-les et remettez-les dans la casserole, hors du feu. Ajoutez la crème et écrasez au presse-purée. Ajoutez alors le mélange oignons-lardons, de la muscade, du sel et du poivre. Mélangez bien et rectifiez l'assaisonnement.

4. Servez bien chaud, avec des saucisses, des œufs sur le plat ou des filets de poisson poêlés.

PURÉE
À LA LAITUE

Pour 4 personnes • Préparation : 15 min • Cuisson : 20 min

800 g de pommes de terre farineuses (poids net épluchées) • 1 laitue • 1 gousse d'ail • 1 bouquet garni • 50 g de beurre ou de crème épaisse • Sel et poivre

1. Mettez les pommes de terre coupées en morceaux dans une casserole et couvrez d'eau froide. Ajoutez le bouquet garni, du sel et la gousse d'ail pressée. Portez à ébullition et laissez mijoter 15 minutes.

2. Émincez la laitue et lavez-la soigneusement. Ajoutez-la, poignée par poignée, dans la casserole et laissez mijoter 5 minutes supplémentaires.

3. Égouttez bien le tout, en pressant un peu la laitue.

4. Reversez dans la casserole, ajoutez le beurre ou la crème et écrasez au presse-purée. Rectifiez l'assaisonnement.

5. Servez chaud, en accompagnement de chipolatas, d'un pain de viande, de poisson...

ASTUCE

Vous pouvez ajouter un peu de noix de muscade râpée à votre purée.

PURÉE GRATINÉE
CHOUX DE BRUXELLES-PLEUROTES

Pour 4 personnes • Préparation : 10 min • Cuisson : 25 min

600 g de pommes de terre farineuses (poids net épluchées) • 300 g de choux de Bruxelles • 200 g de pleurotes • 50 g de gouda vieux • 15 cl de lait entier • 1 noix de beurre • Sel et poivre

1. Mettez les pommes de terre coupées en morceaux dans une casserole, couvrez d'eau froide et portez à ébullition. Ajoutez les choux de Bruxelles nettoyés et comptez environ 15 minutes de cuisson à la reprise de l'ébullition.

2. Pendant ce temps, coupez les pleurotes en morceaux et faites-les revenir à feu vif dans une poêle contenant le beurre chaud. Salez et poivrez.

3. Râpez le gouda et préchauffez le gril du four.

4. Égouttez les pommes de terre et les choux de Bruxelles, remettez-les dans la casserole, hors du feu. Ajoutez le lait et écrasez soigneusement le tout. Ajoutez ensuite les pleurotes et rectifiez l'assaisonnement.

5. Étalez la purée dans un plat à four, parsemez de gouda et faites gratiner sous le gril.

6. Servez bien chaud, en accompagnement de saucisses ou de viandes grillées.

PÉTONCLES POÊLÉS AU SÉSAME
ET LÉGUMES CROQUANTS

Pour 6 personnes
Préparation : 15 min
Cuisson : 10 min

1 sachet de noix de pétoncles surgelées (500 g)
150 g de mange-tout
1 grosse carotte
100 g de petits pois surgelés
1 branche de céleri vert
1 à 2 cuillerées à soupe de graines de sésame
Coriandre
1 bonne noix de beurre
1 cuillerée à café d'huile de sésame grillé
2 cuillerées à soupe d'huile d'olive
Sel et poivre

1. Taillez la carotte en fins bâtonnets et émincez le céleri. Plongez-les avec les mange-tout et les petits pois dans une casserole d'eau bouillante. Comptez 2 minutes de cuisson à la reprise de l'ébullition. Égouttez et rafraîchissez à l'eau froide.

2. Égouttez bien les pétoncles dégelés et épongez-les avec du papier absorbant. Faites chauffer le beurre salé dans une grande poêle et faites-y colorer rapidement les pétoncles et le sésame. Ne prolongez pas la cuisson, sous peine de les rendre caoutchouteux. Poivrez.

3. Simultanément, faites revenir les légumes à feu vif dans un wok contenant l'huile d'olive chaude. Salez, poivrez et ajoutez l'huile de sésame hors du feu.

4. Répartissez les légumes dans les assiettes de service chaudes, ajoutez les pétoncles au sésame par-dessus et décorez de coriandre.

5. Servez sans attendre, en entrée.

POMMES BOULANGÈRE

Pour 4 à 6 personnes
Préparation : 15 min
Cuisson : 45 min

150 g de lardons fumés
800 g de pommes de terre farineuses (poids net épluchées)
4 oignons
1 cube de bouillon de volaille dégraissé
Herbes de Provence
3 cuillerées à soupe d'huile d'olive

1. Préchauffez le four à 180 °C (th. 6).

2. Émincez les oignons. Faites-les revenir avec les lardons, à feu modéré, dans une poêle avec l'huile, jusqu'à ce qu'ils soient légèrement dorés.

3. Coupez les pommes de terre épluchées en tranches fines.

4. Étalez environ un quart des oignons dans le fond d'un plat allant au four, recouvrez-les d'un quart des pommes de terre et parsemez d'herbes de Provence. Répétez l'opération jusqu'à épuisement des ingrédients.

5. Délayez le cube de bouillon dans 70 cl d'eau bien chaude et versez dans le plat ; tous les ingrédients doivent être immergés dans le liquide.

6. Faites cuire 45 minutes au four.

7. Servez chaud, en accompagnement de rôtis ou de plats mijotés.

TARTIFLETTE
AUX POIREAUX

Pour 4 personnes
Préparation : 15 min
Cuisson : 45 min

300 g de lardons fumés
1 reblochon (450 g)
4 blancs de poireaux (600 g)
600 g de pommes de terre
2 oignons
1 grosse gousse d'ail
15 cl de vin blanc sec
15 cl de crème fraîche (facultatif)
1 cuillerée à soupe d'huile
Poivre

1. Faites cuire les pommes de terre en robe des champs (au micro-ondes, à l'eau bouillante ou à la vapeur).

2. Faites rissoler les lardons dans une sauteuse avec l'huile. Retirez-les avec une écumoire et faites revenir à leur place les poireaux coupés en tronçons et les oignons hachés. Ajoutez 5 cl d'eau, couvrez et laissez suer 15 minutes à feu doux.

3. Coupez les pommes de terre en rondelles et préchauffez le four à 210 °C (th. 7). Frottez un grand plat à four avec la gousse d'ail coupée en deux.

4. Ajoutez les pommes de terre dans la sauteuse, versez le vin et laissez mijoter 5 minutes. Ajoutez les lardons et la crème. Poivrez. Versez la moitié dans le plat, recouvrez avec un demi-reblochon coupé en lamelles, puis avec le reste de la préparation. Coupez le demi-reblochon restant en deux, puis chaque quart en deux, horizontalement. Déposez-les, croûte vers le haut, sur la tartiflette.

5. Faites dorer 20 minutes au four et servez bien chaud, avec une salade verte.

SOUPE AU POTIRON
ET AUX CHÂTAIGNES

Pour 4 à 6 personnes • Préparation : 15 min • Cuisson : 20 min

600 g de potiron (poids net, épluché) • 300 g de marrons cuits (sous vide) • 1 oignon • 2 cubes de bouillon dégraissé • 2 c. à soupe d'huile d'olive • Sel et poivre

1. Mettez l'oignon grossièrement haché et le potiron taillé en cubes dans une cocotte contenant l'huile. Faites revenir 2 minutes à feu vif, puis ajoutez les marrons et 1 litre d'eau. Ajoutez les cubes de bouillon émiettés et portez à ébullition. Couvrez et laissez mijoter 20 minutes à feu doux.

2. Laissez reposer 5 minutes, puis passez le potage au mixeur jusqu'à ce qu'il soit bien lisse.

3. Rectifiez l'assaisonnement et servez bien chaud, avec du pain.

SALADE D'ENDIVES
À L'ITALIENNE

Pour 4 personnes • Préparation : 15 min

4 belles endives (environ 550 g) • 2 ciboules • 1 échalote • 50 g d'olives noires dénoyautées • 1 c. à soupe de câpres • 2 c. à soupe de persil plat haché • 4 c. à soupe de crème fraîche • 2 c. à soupe de vinaigre balsamique • 4 c. à soupe d'huile d'olive • Sel et poivre

1. Émincez finement l'échalote et les ciboules. Ajoutez les câpres, les olives hachées ou taillées en rondelles, ainsi que le persil.

2. Versez le vinaigre dans un bol, salez, poivrez, ajoutez l'huile d'olive et la crème, puis mélangez au fouet.

3. Émincez les endives en longueur, en supprimant la partie amère à la base. Répartissez dans des bols ou des assiettes, ajoutez la garniture aux olives et arrosez d'un peu de vinaigrette.

4. Servez aussitôt en entrée, ou en accompagnement de jambon italien.

FETTUCCINE AUX LARDONS,
POTIRON ET SAUGE

Pour 4 personnes
Préparation : 10 min
Cuisson : 20 min

200 g de lardons fumés
350 g de fettuccine
400 g de chair de potiron (poids net, épluché)
1 cuillerée à soupe rase de sauge séchée
25 cl de crème fraîche allégée
1 cuillerée à soupe d'huile d'olive
Sel et poivre

1. Préchauffez le four à 180 °C (th. 6).

2. Taillez le potiron en petits dés, arrosez-les d'huile et parsemez de sauge ; mélangez bien. Répartissez-les sur la plaque du four recouverte de papier cuisson. Faites-les rôtir 20 minutes au four.

3. Pendant ce temps, faites cuire les pâtes *al dente*.

4. Faites également rissoler les lardons dans une poêle anti-adhésive, sans matière grasse. Débutez la cuisson à feu doux et augmentez la flamme quand le gras commence à fondre. Quand ils sont bien dorés, ajoutez la crème et laissez mijoter 2 minutes. Ajoutez les dés de potiron, mélangez et rectifiez l'assaisonnement.

5. Servez cette sauce sur les pâtes et présentez du parmesan fraîchement râpé à part.

LASAGNES AU POTIRON
ET À LA FETA

Pour 4 à 6 personnes
Préparation : 25 min
Cuisson : 45 min

200 à 250 g de lasagnes fraîches
600 g de potiron (poids net épluché)
680 g de coulis de tomates
300 g de feta
1 oignon
1 gousse d'ail
1 cuillerée à soupe d'herbes de Provence
25 cl de béchamel
25 g de parmesan râpé
3 cuillerées à soupe d'huile d'olive
Poivre

1. Faites revenir l'oignon haché et le potiron taillé en dés dans une grande sauteuse contenant l'huile. Ajoutez la gousse d'ail pressée et les herbes de Provence, mélangez 2 minutes, puis versez le coulis de tomates. Laissez mijoter 15 minutes à feu très doux.

2. Préchauffez le four à 180 °C (th. 6).

3. Taillez la feta en tout petits dés et ajoutez-les à la sauce, hors du feu. Mélangez et rectifiez l'assaisonnement.

4. Versez un peu de béchamel dans le fond d'un plat à four, déposez-y 2 feuilles de lasagne côte à côte, nappez de sauce au potiron, recouvrez de 2 autres feuilles de lasagne et continuez ainsi, en alternant sauce au potiron et feuilles de lasagne. Terminez par une couche de lasagnes, nappez-les avec le reste de la sauce béchamel puis parsemez de parmesan.

5. Faites cuire 30 minutes au four.

6. Servez chaud, avec du pain et une salade.

TAJINE DE LÉGUMES
AUX RAISINS SECS

Pour 4 personnes
Préparation : 15 min
Cuisson : 20 min

400 g de potiron
(poids net épluché)
2 courgettes (environ 550 g)
100 g de raisins secs
1 boîte de pois chiches
(240 g poids net égoutté)
1 oignon
1 gousse d'ail
Coriandre fraîche hachée
1 cuillerée à café rase
de curcuma
1 pointe de cannelle et
de gingembre en poudre
½ capsule de safran
en poudre
Harissa en tube
1 cuillerée à soupe de miel
1 cube de bouillon dégraissé
2 cuillerées à soupe
d'huile d'olive
Sel et poivre

1. Faites revenir l'oignon émincé et le potiron taillé en cubes dans une cocotte contenant l'huile. Couvrez et laissez suer 10 minutes.

2. Pendant ce temps, coupez les courgettes (non épluchées) en deux dans la longueur, puis coupez-les en tranches.

3. Ajoutez la gousse d'ail pressée et les épices dans la cocotte. Mélangez 2 minutes, puis ajoutez les courgettes, les raisins secs, le miel, 60 cl d'eau, le cube de bouillon émietté et un peu de harissa. Portez à ébullition, couvrez et laissez mijoter 5 minutes à feu doux.

4. Égouttez et rincez longuement les pois chiches à l'eau froide. Ajoutez-les dans la cocotte et poursuivez la cuisson 5 minutes. Rectifiez l'assaisonnement, ajoutez de la coriandre hachée et servez bien chaud, accompagné de couscous ou tout simplement de pain.

COURGE PANÉE
AU SÉSAME

Pour 4 personnes
Préparation : 20 min
Cuisson : 20 min

1 petite courge butternut (800 à 900 g)
2 œufs
60 g de chapelure
30 g de graines de sésame non grillées
1 assiette de farine
Huile de friture
Sel et poivre

1. Préchauffez le four à 180 °C (th. 6).

2. Pelez la courge en la laissant entière, puis taillez-la en tranches d'un bon centimètre d'épaisseur. Déposez-les sur la plaque du four recouverte de papier cuisson et faites cuire 12 à 15 minutes au four : elles doivent être tendres, sans tomber en purée. Salez et poivrez.

3. Préparez 3 assiettes : une avec de la farine, la deuxième avec les œufs battus (salés et poivrés), la troisième avec la chapelure mélangée au sésame.

4. Passez les rondelles de courge dans la farine et tapotez-les pour en faire tomber l'excédent. Passez-les ensuite dans les œufs, puis dans la chapelure au sésame.

5. Faites chauffer un petit fond d'huile de friture dans une grande poêle. Quand l'huile est bien chaude (mais non fumante), déposez-y les rondelles panées et faites-les dorer rapidement sur les deux faces (vous devrez faire deux fournées). Égouttez sur du papier absorbant. Servez bien chaud.

INDEX DES RECETTES

L

M

O

P

Q

R

S

ÉQUIVALENCES

MESURES LIQUIDES

Système métrique	Système américain	Autre nom
5 ml	1 cuillère à thé (cuillère à café française)	
15 ml	1 cuillère à table (cuillère à soupe française)	
35 ml	1/8 cup (tasse française)	1 oz (ou once)
65 ml	1/4 cup ou 1/4 grand verre	2 oz
125 ml	1/2 cup ou 1/2 grand verre	4 oz
250 ml	1 cup ou 1 grand verre	8 oz
500 ml	2 cups ou 1 pinte	
1 litre	4 cups ou 2 pintes	

MESURES SOLIDES

Système métrique	Système américain	Autre nom
30 g	1/16 lbs	1 oz
55 g	1/8 lbs	2 oz
115 g	1/4 lbs	4 oz
170 g	3/8 lbs	6 oz
225 g	1/2 lbs	8 oz
454 g	1 livre	16 oz

CHALEUR DU FOUR

Chaleur	° Celsius	Thermostat	° Fahrenheit
Très doux	70 °C	Th. 2-3	150 °F
Doux	100 °C	Th. 3-4	200 °F
	120 °C	Th. 4	250 °F
Moyen	150 °C	Th. 5	300 °F
	180 °C	Th. 6	350 °F
Chaud	200 °C	Th. 6-7	400 °F
	230 °C	Th. 7-8	450 °F
Très chaud	260 °C	Th. 8-9	500 °F

Toutes les recettes de ce livre sont tirées de *Irrésistibles légumes* paru aux Éditions Mango en 2018.

Photo de couverture : Delphine Lebrun
Stylisme de couverture : Sophie Dumont

Direction : Guillaume Pô
Direction éditoriale : Tatiana Delesalle
Édition : Élise Marcantoni assistée d'Emma Lombois
Direction artistique : Sylvaine Beck
Création graphique : Ambrine Angaud
Mise en pages : Patrick Leleux PAO
Direction de fabrication : Thierry Dubus
Suivi de fabrication : Florence Bellot
1re édition - N° d'édition : M21141
ISBN : 9782317027239
Code MDS : MN27239

MIXTE
Papier issu de sources responsables
FSC® C020353
FSC www.fsc.org

Ce livre s'inscrit dans une démarche écoresponsable. Il est imprimé sur du papier FSC® issu de forêts gérées durablement. Cette certification garantit une empreinte carbone réduite et une gestion raisonnée de la forêt, qui maintient la biodiversité et protège les écosystèmes. Il est imprimé avec des encres végétales, c'est-à-dire fabriquées uniquement à partir de matières premières renouvelables et sans huiles minérales. Il a été imaginé et conçu en France, et imprimé en Europe.

Achevé d'imprimer en août 2021 par Néografia en Slovaquie

Dépôt légal : avril 2021
www.mangoeditions.com

Retrouvez-nous sur Instagram : @mangoeditions

DANS LA MÊME COLLECTION